本書は、舵誌2003年8月号から2004年7月号まで連載された『セールトリム虎の巻』を一冊にまとめたものです。

講師は、日本を代表するレーサーであり、ディンギーから外洋クルーザーまで、数多くのヨットで第一線の艇長として活躍している高木裕氏にお願いしました。アシスタントとして、やはり国内外のレースでセールトリマーとして活躍中の本田敏郎氏に登場していただきました。

両氏の経験に裏付けられた知識を分かりやすくかみ砕き、できるだけ簡単に基本的な事項だけを書いたつもりですが、すべてを書き終えてみると、それでもちょっと複雑になってしまいました。

本書では、難しいと思ったところは飛ばして読み進んでみてください。なるべく図版を多くしたつもりです。図版だけをパラパラ眺め、興味を持った部分だけ読んでいただいてOKです。

そして、実際にヨットに乗り、また最初から読み直してみてください。はじめは分からなかった部分も、実際に経験を重ねながら読んでいくうちに理解できるようになると思います。逆に、今度は新たな疑問点が出てくるかもしれません。そのまま読み進んでいけば、次にはその疑問点が解決するかもしれません。

セールのトリムは、ボートスピードを感じ取る感覚や、セールを見る目も重要です。本書を読み進めつつ、実際にヨットに乗ってその感覚を養ってください。あるいは、スピードチェックのために、練習相手も必要になるかもしれません。艇やセールはそれぞれ違うので、答えはひとつではありません。どんどん走って、どんどんデータを集め、自分なりの結論を見いだしてください。

セールトリムやマストチューニングに悩めば悩むほど、週末のクラブレースが楽しいものになっていくはずです。

目次 CONTENTS

第1章　セールの基礎知識　2
- セールはヨットの命　● セールの基本構成　● すべては揚力から始まる
- アップウインドとダウンウインド　● 風上航の神秘のバランス　● セールトリムの3要素
- セールトリマー　● セール／ロープの素材と製法　● セールの構造

第2章　リグについて考える　12
- リグ各部の名称　● オンデッキマストとスルーデッキマスト
- セールカーブとリグ　● リグのタイプ

第3章　マストチューニング　22
- ターンバックル　● IJPE　● マストレーキ　● プリベンド　● 左右はまっすぐに
- アッパーのテンション　● 仕上げはDの調整
- スウェプトバック・スプレッダー艇のマストチューニング

第4章　メインセール　30
- 各部の名称　● メインセールのコントロールライン
- マストベンドとメインセールのドラフト

第5章　ヘッドセール　40
- LPとサイズ　● ホイスト　● 各部の名称　● ヘッドセールのコントロールライン
- ヘッドステイのサギング

第6章　クローズホールド　52
- クローズホールドとは　● クローズホールドでの基本セッティング
- アタックアングル　● セールシェイプ　● ツイスト　● ギアチェンジの必要性　● 加速
- ターゲット・ボートスピード　● 微風のトリム　● 強風のトリム

第7章　スピネーカー　67
- スピネーカーの種類　● スピネーカーの艤装

第8章　ダウンウインド　74
- VMG　● スピネーカートリムの基本　● メインセール　● ヘルムコントロール
- 微風のトリム　● 中風のトリム　● 強風のトリム

第9章　リーチング　84
- 第3の走り、リーチング　● スピネーカーかジブか?　● スピネーカーが揚がらない場合
- スピネーカーが揚がる場合　● VMC　● ジェネカーのトリム

APPENDIX　92
- 実践ヨット用語集

セールの基礎知識
CHAPTER 1

セールはヨットの命

　ヨットはセールで走る。ここが他の船舶との大きな違いだ。となれば、セールはヨットの命である。
　ところが、これまで日本で出版されてきたヨット入門書では、肝心のセールトリムの方法に関しては、あまり詳しく触れられてこなかった。
　セールの取り扱い、セットから展開までは書いてあっても、そのトリムについてはサラリと流している程度だ。
　なぜか？
　いい加減なトリムでも、ヨットは意外と簡単に走れてしまうからだ。
　目的地までヨットを走らせるだけならば、セールは風向に合わせて展開さえしておけばいい。それだけでもヨットは前に進む。
　それよりも、ビギナーにとってはセールや船が壊れないように、確実にセットすることが重要なのである。
　しかし、いざヨットレースに出てみようとなると話は違ってくる。
　レースにおいては、細かなセールトリムやマストチューニングが勝敗を分ける重要な要素となってくる。それらを楽しむのがまた、ヨットレースなのだ。
　さて、本題であるセールトリムの話に入る前に、この章ではまず「セールとはいったい何なのか？」という、いわばヨットの基本に立ち返って考えてみよう。
　一言でセールといってもいろいろあり、また用いられる素材は日進月歩で開発され、その構造もここ10年ほどで大きく進化している。
　そして、そのセールからは「揚力」という目には見にくい力が働き、セール、キール、ラダーの間には神秘ともいえる力関係の釣り合いが成り立っているのだ。
　このあたりの理屈は、なんとなく理解しているだけでもヨットは前に進む。しかし、セールトリムという深みに入り込むためには、揚力と力の釣り合いについて、もっと詳しく知っておく必要がある。
　さてさて、本書の主役でありヨットの命であるセールとはいったい何者なのであろうか。

セールの基本構成

メインセール

　本書のモデル艇であるヤマハ33Sは、1本マストのスループ艇だ。現在のクラブレースシーンでは、最も一般的なタイプのヨットである。

　マストの後方にはメインセールがセットされる。通常、ヨットの上で「メイン」といえばメインセールのこと。その名の通りメインとなるセールで、レース中はほぼ揚げっぱなしとなる。ルールによって1枚しか搭載できないようになっているのが普通だ。エリアの調整はリーフ(縮帆)によって行う。

　素材や構造、バテンの数など、さまざまなタイプのメインセールがあるが、そのあたりはまた後ほど詳しく解説しよう。

ヘッドセールとスピネーカー

　マストの前にセットするセールをヘッドセールという。「ジブ」と呼ばれることもある。三角形で、ラフ(前縁)をヘッドステイに沿わせてセットする。

　風速や海象に合わせて大きさやセールカーブの異なるものがあり、コンディションに合わせて用いる。

　メインセール同様、こちらも詳しくは後ほど順を追って解説していこう。

　追風で使用するのがスピネーカー。略して「スピン」と呼ばれる。

　スピネーカーの特徴は、左右対称であることだが、左右非対称のスピンもあり、こちらは「ジェネカー」とか非対称＝asymmetricの意味から「Aセール」ということもある。

　セール開発は日進月歩だ。今日も新しいスタイルのセールが開発されている。逆に、以前はよく使われていたが、最近では使わなくなってしまったような旧タイプのセールもある。

マストの後ろに展開するのが「メインセール」。マストの前の三角帆が「ヘッドセール」

追風用「スピネーカー」。スピンと呼ばれることもある。左右対称であることが特徴だ

こちらは左右非対称のスピネーカー「ジェネカー」。クルーザー／レーサータイプのヨットで増えてきている

すべては「揚力」から始まる

セールのトリムを考えるにあたって、最初に基本中の基本、ヨットが風を受けて走る理屈から考えてみよう。

ヨットの推進力となるのがセールだ。近代ヨットのセールは、"帆"というよりも"翼"に近い。風を帆に受けて走るのではなく、セール上に風を流してそこから揚力を得る。つまり、飛行機が翼のおかげで空を飛ぶのと似ている。だからこそ、風上に向かって走ることができるのだ。

……と、ここまではヨット入門書でもよく言われていることだ。普通にヨットに乗り、単にそれを動かすだけなら揚力についてこの程度の知識でも事足りる。

ところが、ほんのわずかな優劣で勝敗が決まるヨットレースとなると話は別だ。セールトリムにあたって、揚力についてもう少し真剣に考えてみよう。

飛行機の翼は、上面が膨らんだ非対称の断面形状を持つからこそ揚力を得ているのか……というと、そうではない。翼とそこに流れる風に、ある角度を持たせることによって揚力を得ているのだ。この翼と気体の流れの成す角度を「迎え角」という。

たとえ真っ平らな板でも、適度な迎え角を持たせると、翼(あるいはセール)の表と裏での風の流れが変わる。風下側(翼の上面)では流れは速くなり、圧力は低くなる。風上側(翼の下面)では流れが遅くなり、圧力が高くなる。すると、当然ながら圧力の高い方から低い方へ向かう力が生まれる。これが揚力と呼ばれる力だ(下図)。

つまり、翼は必ずしも翼型の断面を持っている必要はない。背面飛行が可能なのも、この迎え角による揚力のおかげだ。

一方、翼もセールも、風が当たると当然抵抗を受ける。つまり、風下側に吹き飛ばされる力で、これが抵抗(抗力)となる。セールにも翼にも、揚力と抗力の合成された力が生じていることになる。

迎え角が大きくなるほど揚力は増え、同時に抗力も増大する。さらに迎え角が大きくなると失速し、揚力は激減。抗力のみが増大していく。

平らな板でも揚力は発生するが、さらに効率よく揚力を得つつ抗力を減らし、あるいは失速しにくくするために、翼は翼型断面を持っている。

翼型断面といってもいろいろあり、高速で飛行するジェット戦闘機の翼は小さく薄い。逆に、低速で飛行する航空機の翼は大きく厚みも増す。あるいは、着陸時にはフラップなどを用いてその形状を変化させたりしている。

ヨットのセールも同じように、そのサイズや厚み、迎え角を変化させ、より少ない抵抗でより大きな揚力を得て、効率よく前進スピードに変えなくてはならないのである。

これが、すなわちセールトリムだ。

平らな板でも揚力は発生する

本文では簡単に「風下側では流れが速くなり……」と説明しているが、何故速くなるのか？ を説明するのは実はなかなか難しい。

セール(あるいは翼)の表面には循環と呼ばれる、ぐるぐる回る流れができるというのが揚力発生のポイントだ。この循環は、流体(この場合は空気)の粘性によって生じる。

実際の流れは、この循環と、通常の流れを加え合わせたものになる。そう考えると、セールの風上側(翼下面)の流れは遅くなる。逆方向に循環の流れがあるからだ。

対して、通常の流れと同方向に循環がある風下側(翼上面)は速くなる。

よって圧力差が生じ、揚力が生まれるのである。少し難しい説明になったが、循環が生じるというのがそもそもの始まりである、ということだけでも覚えておいてほしい。

このイラストで見てもらいたいのは、翼(セール)に当たって初めて流れが変わるわけではないということ。翼に当たる前にすでに上向きに流れが変わっていることに注目してほしい。循環によって本来の流れが曲げられていると理解するなら、この変化も納得できるはずだ。

これをアップウオッシュ(Up Wash)といい、セールトリムやセーリング・コンピューターの精度に関しても大きな影響をおよぼす。

また、スループ艇におけるヘッドセールとメインセール双方の相乗効果にとっても大いに関係してくる現象である。このあたりは、航空関係者よりもヨット乗りの方がよほど心してかからなければならない問題だ。

流れが速い＝圧力小

循環によって翼の上と下で流れのスピードが変わる

流れが遅い＝圧力大

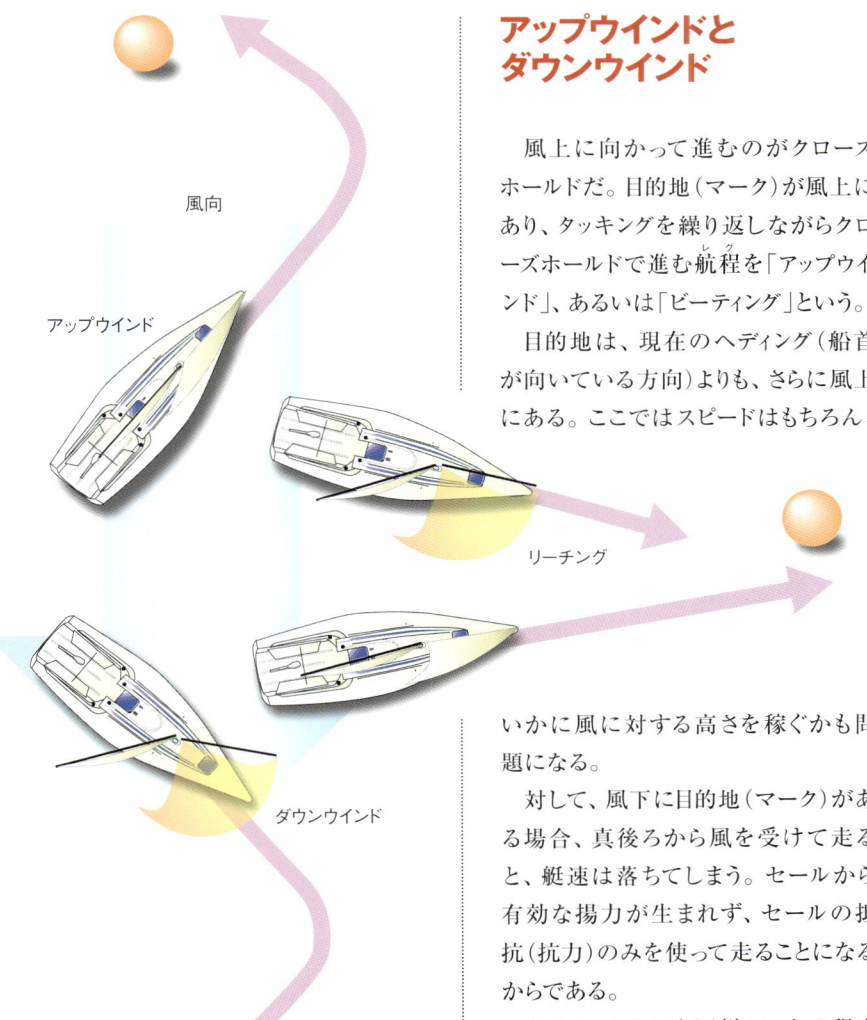

アップウインドと
ダウンウインド

　風上に向かって進むのがクローズホールドだ。目的地（マーク）が風上にあり、タッキングを繰り返しながらクローズホールドで進む航程を「アップウインド」、あるいは「ビーティング」という。

　目的地は、現在のヘディング（船首が向いている方向）よりも、さらに風上にある。ここではスピードはもちろん、いかに風に対する高さを稼ぐかも問題になる。

　対して、風下に目的地（マーク）がある場合、真後ろから風を受けて走ると、艇速は落ちてしまう。セールから有効な揚力が生まれず、セールの抵抗（抗力）のみを使って走ることになるからである。

　そこで、ここでも同様に、ある程度の角度を付けてセールに揚力を発生させつつ走るという走り方が重要になってくる。上らせることにより見かけの風は増し、見かけの風が艇速を生む。最終的には、真っ直ぐ風下へ向かった艇よりも、より早く風下マークへたどり着けるというわけだ。

　適正な角度は風速によって異なってくるが、ここでも「目的地（マーク）は、ヘディングよりも風下にある」という部分がポイントとなる。

　つまり、ビーティングのレグ同様、スピードと高さ──ここではいかに落として高さを稼ぐかが問題になってくるのだ。本書では、これを「ダウンウインド」と呼ぶことにする。

　アップウインド、ダウンウインド以外に、目的地がヘディング方向にある場合を「リーチング」と呼ぶ。リーチングには、スピネーカーが揚がる場合と揚がらない場合がある。

　風上、風下にマークを打つソーセージコースのレースでは、リーチングのレグはないが、島回りレースやショートディスタンス・コースなどではリーチングのレグも珍しくない。

　ここでは、高さ、低さの要素はあまりなく、目的地はまさにヘディング方向にある。「スピードを追求して走る」のが目標になる。

　　　　　　＊

　以上のように、レース中のセーリングは、アップウインド、ダウンウインド、リーチングの3つに大別される。

「見かけの風」と「真の風」

　ヨットの上で感じる風は、実際に吹いている風に、自分自身が走ることによって生ずる風が加わったものとなり、これを「見かけの風」（Apparent Wind Angle: AWA）と呼んでいる。対して、実際に吹いている風は「真の風」（True Wind Angle: TWA）と呼ぶ。

　アップウインドでは、真の風に比べて見かけの風は強くなり、ダウンウインドでは弱くなる。

　リーチングでは、見かけの風はより前に振れ、デッドランに近くなるにつれ、真の風向と見かけの風向の差はあまりなくなる。

　また、海面から離れるにしたがって、つまりマストトップの方では海面の抗力を受けにくいため風速は増す。艇速が同じで風速だけが増すので、見かけの風はマスト上方に行くにしたがって後ろへ回ることになる。

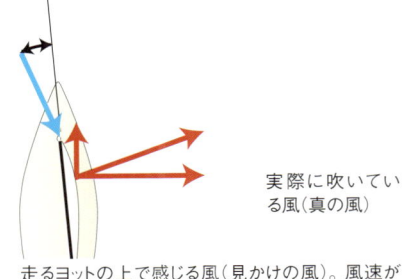

走るヨットの上で感じる風（見かけの風）。風速が高くなるマスト上部では、見かけの風は後ろへ回る

風上航の神秘のバランス

飛行機の場合、抗力に対抗するためにエンジンの推力を用いて進む。翼は機体を上に持ち上げればいい。

ところがヨットの場合、風の力だけで風上に進まなくてはならない。クローズホールド時にセールに生じる力は、センターラインに対して約80度……つまりほとんど真横に向かって生じている。いったいどうやって前に進めというのか？

そこでキールやセンターボードの出番になる。

ヨットの水面下で活躍するのがフィンキール（あるいはセンターボード）だ。その面積を抵抗として風下に流されないように踏ん張っているのか……というと、そんな単純なものではない。ここでも「揚力」がキーワードとなる。

キールの断面は左右対称だが、ヨットは僅かなリーウェイとともに前に進んでいる。つまり、僅かに風下に落とされながら前に進んでいる。ということは、キールに当たる水流は、ある角度を持つことになる。これが迎え角となる。先に説明したように、平らな板でも適当な迎え角を持てば揚力は発生する。すなわち、左右対称な断面を持つキールにも、セール同様、揚力が生じることになる。

キールから生じる揚力は、セールとはまったく逆の方向に、つまり船を風上へと押し上げる力となるわけだ。

さらに水面下にはラダー（舵板）もある。

ラダーはキールによって曲げられた流れの中にあると考えられるが、常にラダーを僅か（4〜5度くらい）に切っておくようにすることで迎え角を作り出し、有効な揚力を発生させることができる。

「舵を切っておく」ために、ヨットにはウェザーヘルム（風上に切り上がろうとする性質）を持たせてあり、僅かに舵を切った状態で真っ直ぐ進むようになっている。

キールやラダーの面積はセールに比べると非常に小さいが、海水の密度は空気の800倍もあるので、小さな面積でも大きな揚力が発生する。パドルを空中で振り回すのと、水中で漕ぐのとでは、抵抗があまりにも違うのを思い浮かべていただきたい。

もちろん、水面下でも水の抵抗を受ける。キールやラダーから生じる揚力と、それらが受ける抗力を合計した水面下の力は斜め後ろ方向へ発生し、これよりもセールから生じる力が大きければ、ヨットは加速する。セール力の方が小さければ減速する。両者が釣り合った状態になれば、一定のスピードで前進し続ける。

このように、ヨットが風上に進んでいる状態というのは、神秘的ともいえる力の均衡の結果といえるのだ。

そして、その神秘の法則こそが、セールトリムなのである。

ここまで、少し難しい話が続いてしまったが、セールトリムの奥底には、こうした複雑にして神秘的な力学が働いているということをよく理解しておこう。

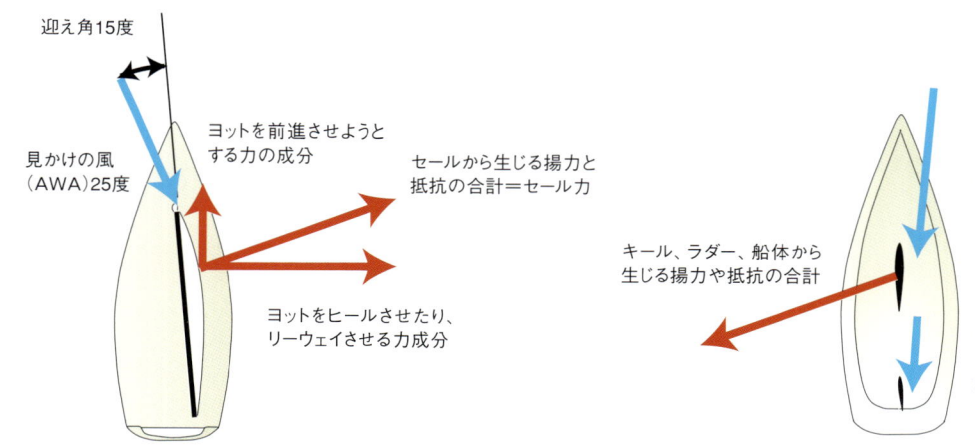

たとえば、見かけの風（AWA）25度、迎え角15度でセールをセットすると、セールから発生する力（揚力と抗力が合成された力）は約80度方向になるといわれている。

この場合、ヨットをヒールさせたりリーウェイさせたりする成分は、前進成分の5倍もある。

これをキールの揚力によって相殺し、セールから生じる前進力の方が大きくなれば加速し、小さくなれば減速、釣り合えばスピードを保って走り続けることになる。

ヨットが風上に向かって進むには、セールとキールの両方が絶対に必要であるということが理解できると思う。さらには、キールによって生じる揚力がいかに大きいかが分かると思うが、海水の密度は空気の800倍もあるので、小さな面積のキールでも大きな揚力が発生するのである。

セールトリムの3要素

セールのトリムは、大きく分けると「アタックアングル」、「ドラフト」、「ツイスト」の3つの要素から成り立っている。

アタックアングル

「アタックアングル」はセールと風との成す角度で、先に説明した「迎え角」にあたる。一方、船体中心線とセールの成す角度を「シーティングアングル」と記すことにする。

つまり、風向がそのままでヨットのヘディングが変化すれば、当然アタックアングルも変わってしまう。したがって、シーティングアングルを調節することによって、アタックアングルを一定に保ってやらなければならない。ベア（船首を風下に落とす）したらセールを出す、ラフ（船首を風上に上げる）したらセールを引き込む、というのはこのことだ。

あるいは、クローズホールドでは、シーティングアングルを一定にし、逆にティラーを切って船の向きを変え、アタックアングルを保って走る、ということになる。

このあたりは、ヨット入門書に出てくる操作である。

ドラフト（断面形状）

「ドラフト」というのは、セールの深さのこと。

ドラフトの量は、セールコード（下図）に対する深さを％で表す。

さらに、ドラフト最深部の位置を「ドラフト位置」と表現する。ドラフト位置は、コードに対する前縁（ラフ）からの距離を％で表す。

同じアタックアングルでも、ドラフト量やドラフト位置の違いによって、セール前面の風との成す角度も変化する。これをエントリー角度という。

セールが深く（ドラフト量大）、ドラフト位置が前にあれば、エントリーは丸みを帯び、風との成す角度はより狭くなる。

ツイスト

海上を吹く風は、海面の抵抗を受ける。したがって、海面に近いデッキ付近よりも、マストトップ部の方が風速が増すのが普通だ。

一方、ヨット上で感じる風（見かけの風）は、真風速が増すほど後ろへ回る。となると、セールの上部ではデッキ近くよりも見かけの風向が後ろへ回っているということになる（P.5下図参照）。

そこで、セールのアタックアングルを一定に保つためには、セール上部にいくにしたがって「ツイスト」させてやらなくてはならない。

ツイストとはセールの捻れである。セール上部にいくにしたがってシーティングアングルが広くなる。これにより、風の変化にも広く対応でき、また強風時はセール上部の風を逃がしてヒールを抑えるということもある。

セールのツイストが、セールトリムの重要な要素であることを改めて心に留めておこう。

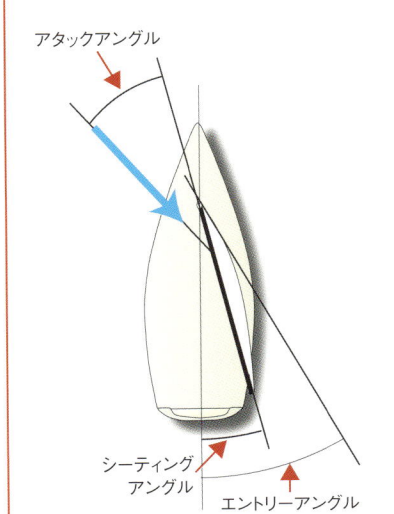

アタックアングルとシーティングアングルの違いを図にするとこうなる。実際には、アタックアングルよりもエントリーアングルの方が重要になる。エントリーアングルは、同じアタックアングルでもドラフト量とドラフト位置によって違ってくるので複雑だ

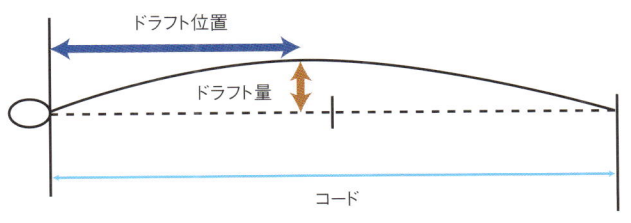

ドラフト量およびドラフト位置は、コード長に対するパーセンテージで表す。ドラフト量とドラフト位置が変わると、エントリーアングルも変わってくる

セールは上部になるにしたがって、アタックアングルが広くなっていく。写真上の赤い点線が、セールのピーク部に近づくにつれて開いていっているのが分かると思う。これがツイストだ。「リーチを開く／閉じる」ともいう。

セールトリマー

メインセールをトリムするクルーを、メインセール・トリマーと呼ぶ。

小型艇ではヘルムスマン（舵取り）がメインセールをトリムすることもある。

船が大きくなるとメインセールのエリアも大きくなり、舵を持ちながらメインのトリムを行うのは難しくなる。そこで別のクルーが専門的にメインセールのトリムを行うことになるわけだ。

対して、ヘッドセールのトリムを行うのがヘッドセール・トリマーだ。ジブはジブ・トリマー、スピンはスピン・トリマーと呼ぶこともある。

微～軽風ではヘッドセール・トリマーの方が風の変化を感じやすい。ヘッドセール・トリマーが主にリードして船を進めていこう。

中～強風のクローズホールドでは、ヘッドセール・トリマーはハイクアウトに入る。メインセール・トリマーがヘルムの調整を含め、敏感に反応しなくてはならない。したがって、メインセール・トリマー主導で船を進めていくことになる。

小型艇ではスピネーカーシートとアフターガイを両手で持ってトリムを行うこともできるが、船が大きくなると、スピネーカーシートとアフターガイは、別々のクルーが担当する。あるいは、シート用のウインチを回すグラインダー（クランカー）が別に付いたりする。

一般的には、ヘッドセール・トリマーがそのままスピンシートについたり、あるいは、ヘッドセール・トリマーはアフターガイについて、別のクルーがスピンシートのトリムに入るなどのフォーメーションがある。

メインセール・トリマーはヘルムスマンと常に一心同体でなくてはいけない。会話を欠かさずに

スピネーカーのトリムは、スピンシートとアフターガイ、そしてフォアガイの3人でワンセットになる

ヘッドセール・トリマーは、特に微～軽風時には風の変化を一番感じやすい重要なポジションだ

高木 裕のワンポイント・アドバイス　「トリマーの条件」

セールトリマーは、まずスピード感覚を養うこと。自艇が加速しているのか、減速しているのか、敏感に感じ取る感性がなければなりません。

ヘルムとの連携が非常に重要なので、ヘルムスマンを経験しておくのもいいと思います。自分が経験することで、「ヘルムスマンは今どうして欲しいのか」を理解することができるようになるのです。

その上で、トリマーとしての感覚をヘルムスマンに伝える表現力が必要です。もっと高さを稼いだ方がいいのか、スピード重視なのか。トリマーがヘルムスマンをリードして船を走らせていくような感じが最良といえるでしょう。

良いトリマーは、セールカーブが頭の中でイメージとしてできあがっています。経験を重ねてこれらの感覚を磨いていきましょう。

スピードがおかしいと思ったら、まずセールトリムを変えてみる。どんどんチャレンジして、スピードアップに繋げていきましょう。

セール／ロープの素材と製法

セールやロープの素材は、いかに伸びを抑えるかが重要だ。また、吸水性や紫外線、折り曲げ時の耐久性など、複雑な条件をクリアしなくてはならない。

もちろん、軽量化もヨットを速く走らせるためには重要な要素になる。

科学技術の進歩とともに、その素材や構造、製法なども日進月歩の勢いで進化している。適材を適所に配置する、そのあたりもしっかり押さえておこう。

セールトリムといっても、トリム量というのはシートの出し入れにしてほんの僅か。これでセールのカーブは大きく変わる。シートやハリヤードの伸びが多くては、この僅かの差を調整しきれない。

そこで、高張力の新素材を用いたシートを使うことが多くなってきた。かつてはワイヤーを使っていた部分にも、こうした高張力の新素材ロープを使う場合が多い。

各繊維には長所も短所もある。いくら高張力でも摩擦や熱、紫外線に弱くては困る。そこで、高張力の芯（コア）に、摩擦や紫外線に強い外皮（スキン）を組み合わせた商品が多く出回っている。また、その構造も、コアの部分にまったく撚りを持たせないようにして、より伸びにくくしたものなど、多彩な商品ラインナップが用意されている。

用途によっては、外皮を除いてコアの部分だけ使う場合もあるし、必要な部分にだけ外皮をかぶせるなど、さまざまな工夫をしている。

一方、セールに用いるセールクロスも、一昔前まではダクロン、テトロンなどと呼ばれるポリエステル繊維が主流だったが、近年、新素材を用いたものが多くなってきている。高張力の繊維をポリエステルのフィルムでサンドイッチしたものが主で、織物とはいいがたいものになっている。

フィルムや、その接着剤にも工夫が凝らされており、剥離しにくく、紫外線にも強くなるよう工夫されている。

ケブラー
(Kevlar)
デュポン社のパラアラミド繊維。高強度の黄色っぽい素材。絡まりにくい、やや水分を保持しやすい、溶けない（摩擦に強い）、耐摩擦性：普通、紫外線への耐久力：普通、という特徴を持つ。

ペンテックス
(Pentex)
高強度のポリエステルで、強度や弾性率はアラミドとポリエステルの中間。価格もケブラーよりは安い。

スペクトラ
(Spectra)
アリッド・シグナル社による、超高分子重量ポリエチレン（UHMWP）。白色の繊維だが、さまざまな織り方や色づけをして処理されている。強度：高い、耐摩耗性：非常に良い、水分はまったく保持しない。

ダイニーマ
(Dyneema)
DSMハイパフォーマンスファイバー社製のUHMWP。スペクトラとほぼ同じ材質。欧州でよく使われている。

ベクトラン
(Vectran)
polyester-polyarylate、あるいはセラネーズアセテートの液晶ポリマー製品。破断加重が高く、オールラウンドな素材。絡まりにくい、摩擦に強い、溶けにくい、水分保持が少ない（乾きやすい）という特徴を持つ。

テクノーラ
(Technora)
帝人社製のパラアラミド繊維。金色の繊維だが、UVカットのブラック仕上げのものもある。強度：強い、絡まりにくい、耐摩擦性：高い、溶けない、という特徴を持つ。

ザイロン
(Zylon) PBO
東洋紡が開発した素材。金色の繊維で、高張力でハイモジュラス。非常に絡まりにくい性質を持つ。溶けない、耐摩擦性：普通、水分含有率：低い、耐紫外線：普通（ただしメーカーは真っ暗な倉庫に保管しているくらいで、光線には弱いという）。

セールのコントロール部に使用されているロープは、外皮とコアに分かれているものが一般的だ。その多くは、コアの部分だけで強度を受け持っている

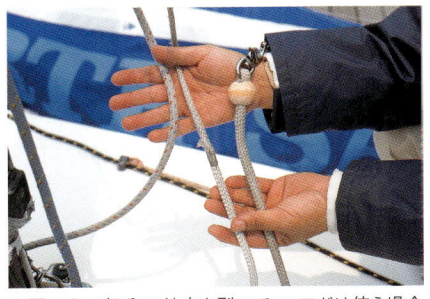

必要のない部分の外皮を剥いて、コアだけ使う場合もある。このハリヤードでは、擦れる先端部分と根本には外皮を被せ、その他はコアのみ

ウインチやクリートなど、擦れる場所には外皮の上からさらに外皮を被せてロープの傷みを防ぐこともある。写真はジブシートのウインチ部分

セールの構造

セールはその製法から、パネルセールとモールドセールに大別できる。それぞれ違いを見ていこう。

パネルセール

セールクロスを縫い合わせて作るセール。少し前まではすべてのセールがこれだったので、「パネルセール」などという呼び方はなかった。1990年代から出てきた「モールドセール」に対して、このような呼び方がされるようになった。

パネルセールにも、いろいろな種類がある。

ホリゾンタルカット（クロスカット）

セールクロスを組み合わせる時には、対する力のかかり具合に合わせてセールクロスを効率よく配置する必要がある。

セールクロスは140センチほどの幅の長いロール状になっている。縦横に糸を織り込んであるので、斜め方向には最も伸びやすくなる。

通常、フィル（fill：短辺方向に用いる横糸）にワープ（warp：縦糸）を織り込んで作るため、長辺よりも短辺方向の方が伸びが少ない。

そこで、一番力のかかるリーチ部分に、最も伸びにくいフィル方向を合わせると、ほぼ水平・横向き（ホリゾンタル）方向に縫い目が走るパネルレイアウトになる。

縫い目（シーム）の重なりを調節することで、キャンバー（セールカーブ）も簡単につけることができる。最もオーソドックスな製法だ。

逆に、縦方向に伸びにくくしたセールクロスを用いたバーチカルカット（vertical cut）もあったが、あまり一般的ではない。

ラジアルカット

最近の高性能セールクロスは、ケブラーやカーボンなどの高張力繊維を、マイラーフィルムでサンドイッチしたものが用いられている。マイラーフィルムも、ポリエステルをフィルム状に加工した商品名だ。

さまざまな繊維とフィルムの組み合わせによって、構造、強度、軽さの異なるセールクロスがあり、これを、セールにかかるストレス方向に合わせて細かく計算されたレイアウトに沿って配置する。各パネルの形は複雑で、コンピューターを用いたデザインソフトがあればこそのパネルレイアウトといえるだろう。

繊維やフィルム、あるいはそのパネルレイアウトなど、各セールクロスメーカー、セールメーカーが日夜知恵を絞って開発に余念がない。

したがって、パネルレイアウトには無限のパターンがあり、もはや「ラジアルカット」などという呼び方すらされていないかもしれない。レースの世界で、通常「パネルセール」と呼ばれるのはこれだ。

モールドセール

自在に形の変わる立体的なモールド上にフィルムを置き、マシンで繊維を配置して貼り付けていく工法で、ノースセール社の3DL（スリー・ディー・エル）がその代表作だ。セールにかか

ホリゾンタルカット。最もオーソドックスなもの。素材はダクロンが多い

パネルセール。カットは複雑でパターンは無数にある。様々な新素材が用いられる

モールドセールの3DL。レース用の革新的なテクノロジーとして誕生した（ノース）

るストレスに合わせて、連続した繊維を配置していくことができる。2003年のアメリカズカップでは、すべての挑戦艇、防衛艇が3DLセールを使用した。

モールドから作られることから、パネルセールに対してこう呼ばれる。

他社からも、各セクションごとに自由に繊維を配置しそれを繋ぎ合わせる手法や、テープを貼り付けているものなど、さまざまな新技術が開発され、今やモールドセールとパネルセールとの境目も曖昧になりつつある。

いずれも理想的なセールカーブを長時間保ち、なおかつ軽くて長寿命となるよう、工夫が凝らされているが、「軽い⟷長寿命」は相反する要素であり、グランプリレーサーからクラブレーサーまで、使用目的によって細かなラインナップが組まれている。詳しくは、各セールメーカーから資料を取り寄せ、比較検討していただきたい。

スピネーカー

スピネーカーはほとんどが軽くて柔らかいナイロン製だ。

一部、メインセールやヘッドセールと同じくポリエステル製のスピネーカーもある。もちろん、同じポリエステルといってもメインセールなどに用いられるものよりも、ずっと薄く軽量なクロスが用いられる。

ポリエステルとは繊維の種類で、その太さや織り方を変えることで、さまざまな性格のクロスを造ることができるのだ。

ポリエステルクロスを使ったスピネーカーは、ナイロン製スピネーカーと見た目はほとんど変わらない。特徴として、ナイロンクロスに比べ、ややゴワゴワしていて伸びにくいという点が挙げられる。デメリットは、その分、衝撃吸収力も弱いことだ。

スピネーカーには、メインセールやヘッドセールとは異なり、ナイロンの適度な伸びが必要な場合も多い。強いブローが入ったときに、ポリエステルなら破れてしまっても、ナイロンならば、うまく風の力を吸収してくれる場合もある。そういう理由もあり、クラブレースで用いられるスピンは、ほとんどがナイロン製となっている。

スピネーカーは構造的にはパネルを張り合わせて形を作るパネルセールとなっているが、メインセールやヘッドセールがホリゾンタルカット全盛であった時代から、スピネーカーのパネルレイアウトはいろいろなパターンが開発されていた。

メインセール同様、パネルを横方向に配置したオーソドックスな「ホリゾンタルカット」から、ピーク、クリュー、タックの3点に放射状(ラジアル)に3角形のパネルを配置した「スターカット」、ヘッド部分だけをラジアルカットにし、その他をホリゾンタルカットにした「ラジアルヘッド」、さらにはセンター部がホリゾンタルで、3点に向けてラジアルとなる「トライラジアル」、そしてコンピューターによるパネルデザインとカットが可能になった現在では、いちいち名前が付いていないくらい複雑なレイアウトになっている。

スピンクロスは各色揃っており、その多彩なパネルレイアウトを利用し、パネルごとに色を変えてカラフルなセールを造ることもできる。

セール表面にストレスに合わせてテープを貼った、テープドライブと呼ばれるセール(UK)

セクションごとに自由に繊維を配置した、D4と呼ばれるセール(ドイル・フレイザー)

スピネーカーは、その素材と構造から、カラフルなものも多い。各艇の個性の見せどころにもなっている

リグについて考える
CHAPTER 2

セールトリムと聞けば、まずセールの調節をすることだと考えがちだ。もちろんその通り。

ところが、実際はそのセールを展開するマストや、それを支えるリギン類がセールトリムにあたっての重要なポイントになる、ということを頭に入れておいて欲しい。

そもそも、セールはマストがなければ展開できない。マストがどういう状態で立っているのかということと、セールのシェイプとは密接な関係がある。マストの操作は、セールトリムの一部でもあるのだ。

ここで、各セールの取り扱いに入る前に、セールトリムの基本としてマストと、それを支えるステイの役割を理解しておこう。

まず、用語の定義から。
マストやブーム、スピンポールなどの棒材を「スパー(Spar)」と呼ぶ。マストを支えたり、その他のスパーやセールをコントロールするワイヤー、ロープ、ラインをすべてまとめて「リギン(Rigging)」という。

それらスパー、リギン、さらにセールも含めた帆装のことを「リグ(Rig)」と呼ぶ。日本ではあまり聞きなれないが、マストを立てる作業や修理を行う人を「リガー(Rigger)」と呼ぶ。

リグは、ヨットがヨットであるための重要な艤装であり、その船の性格を形作るために「リグの種類」といった部分にも注目される。

小型ヨットから帆船と呼ばれるジャンルの船まで含めると、リグの種類には数多くあるが、現在レースに出場している中～小型ヨットは「スループリグ」が主流だ。

スループリグの中でも、メインセールが三角形のものをマルコニーリグド・スループ(Marconi rigged sloop)というが、実際にはそれ以外のスループは現在ほとんどない。今現在、スループといえば、このマルコニーリグド・スループを指すと言ってよい。

1人乗りのディンギーでは1枚帆のキャットリグ艇もあるが、現在日本でヨットレースに出てくるのはスピンの有無はあるにせよ、ほぼすべてがこれ、スループリグ艇であり、本書ではスループリグ艇に絞って、そのセールトリムを解説していきたい。

リグ各部の名称

リグの詳しい説明に入る前に、各部の名称を確認しておこう。聞き慣れない難しい用語も多い。各自各艇で勝手に命名していたものもあるだろうが、ここでは標準的な呼び方を紹介する。

マスト

リグの主役はマスト。材質はアルミニウムが主だが、カーボン製も増えている。カーボンは、アルミに比べて強度があり、軽いというメリットがある。価格の面でもアルミとの差はそれほど大きなものではなくなってきている。これは、リグ全体の中でマストそのもの（素管と呼んでいるチューブ状の部分）が占める割合がそれほど大きくないからだ。アルミでもカーボンでも、素管の加工や、取り付けられる部品類は同じということになる。

スプレッダー

マストをワイヤーで支える場合、マストとワイヤーの成す角度が広いほど効率良くマストを支えることができる。船の前後は支点間の距離があるのでこの角度も広く取れる。しかし、船の横幅は狭い。そこで、スプレッダーを設け、支点間の距離が狭くても強度が保てるようにしている。スプレッダーのないリグもまれにはあるが、一般的には1セット、船が大きくなると2セット、3セットと増えていく。しかし、最近のリグは、レース用でも単純化されてきていて、スプレッダーの数も少なくなってきている。

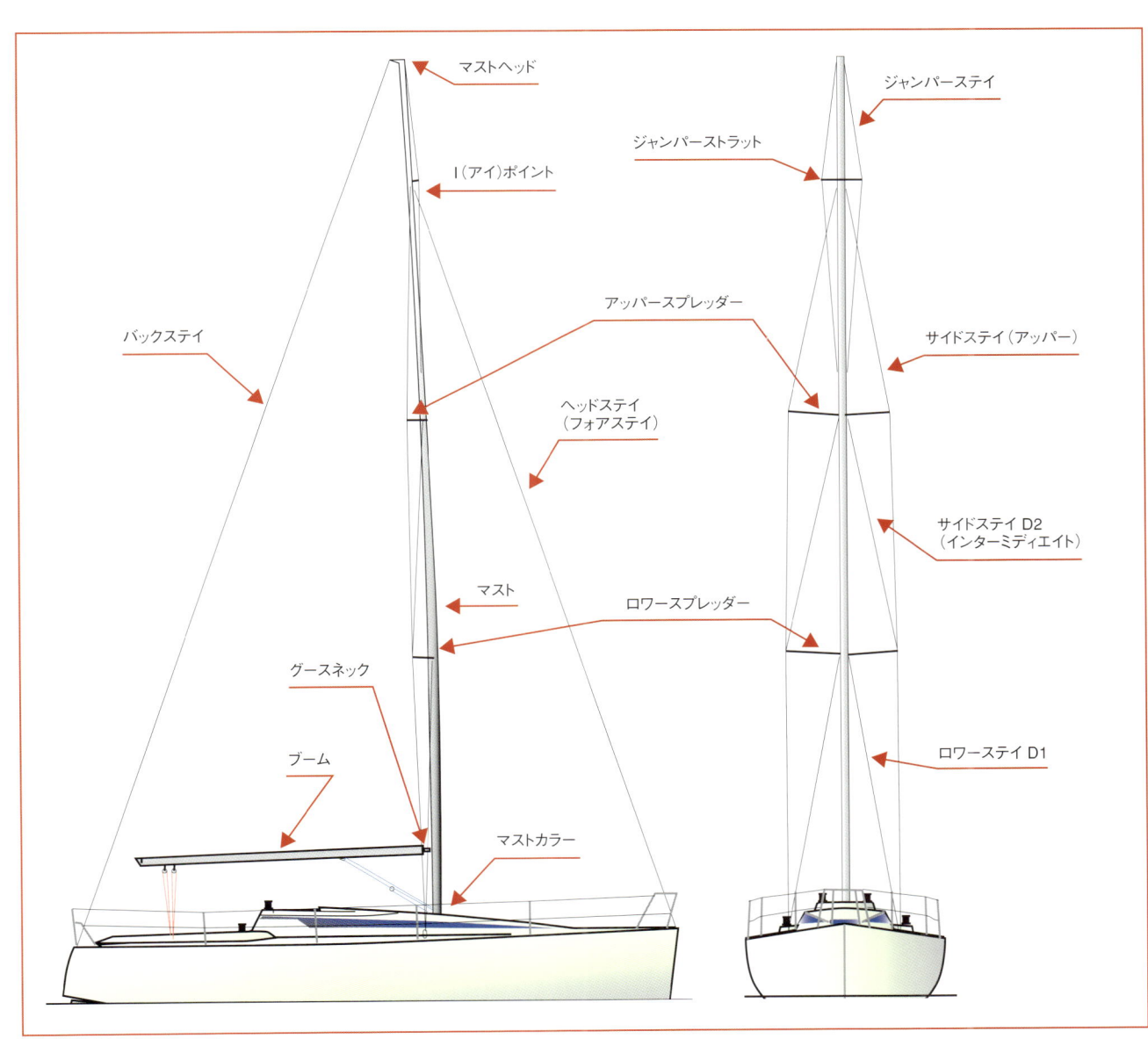

マストは寝かせた状態で組み立て、クレーンなどで吊り上げて立てる。写真はクラブレースで人気の高いスイング31のアルミマスト。ごくオーソドックスなタイプだ

スプレッダーの付け根。このタイプではスプレッダーベースがリベット止めされ、さらに通しボルトが左右に貫通している。スプレッダーの下は、サイドステイの付け根

左:サイドステイのマスト側取り付け部。ステイの先端は写真のようなT型のターミナルとなっていて、これを差し込み90度捻って止めるようになっている
右:サイドステイを取り付けると、こうなる。このターミナルは、ワイヤーの上から被せてマシンで潰してかしめる。これをスウェージングという。頼りない感じはするが、ごく一般的な方法だ

スタンディングリギン

　マストが倒れないように、前後左右から支えるワイヤーをスタンディングリギンと呼ぶ。単に「リギン」といえば、普通はスタンディングリギンを指す。リギンには、通常ワイヤーが用いられる。ワイヤーとは、単線を撚ったもので、撚ってある以上は、伸びが出ることになる。そこで、レース艇では伸びの少ないロッドタイプが多く使われる。ただし、ワイヤーの場合、完全に切れる前に傷みに気付きやすいが、ロッドステイはそのあたりが分かりにくい。ロッドの場合はメインテナンスには特に注意が必要だ。

ヘッドステイ

　スタンディングリギンの中でも、マストを前方に支えているのがヘッドステイ。フォアステイともいう。ここにヘッドセールを展開する。

バックステイ

　マストを後ろに支えるのがバックステイ。特に、マストトップから後ろへ引かれるものをパーマネントバックステイという。リグのタイプによってはランニングバックステイ(ランナー)、チェックステイなどもある。
　スタンディングリギンの中でも、レース中に操作できるステイだ。

サイドステイ

　マストを横方向に支えているのがサイドステイ(またはシュラウド=Shroud)。ヘッドステイの付け根あたりから伸びるのがアッパーシュラウド、あるいはキャップシュラウドという。ロワースプレッダーの付け根から下へ伸びるものをロワーステイ、その上をインターミディエイトと呼び分けている。スプレッダーの数が増えるとサイドステイの数も増え、ややこしくなるので、斜め(Diagonal)の頭文字「D」を取り、下からD1、D2、D3と呼んでいる。アッパーも垂直(Vertical)の頭文字から「V」と呼ばれることがある。

マストヘッド

マストの先端部分をマストヘッドという。マストヘッド部の出っ張りは「クレーン＝Crane」といい、後端にバックステイの取り付け部がある。マスト側にはメインセール用のハリヤードの出口がつく。

マストヘッドには風向／風速計のセンサーが取り付けられ、電線がマスト内を通ってインストルメンツの風向／風速計へ接続される。

センサーはアップウォッシュ（第1章参照）の影響を受けにくくするため、なるべくマストから遠ざけて設置される。そのためのアームを「ワンド＝Wand」と呼んでいる。

ブラックバンド

セールを展開できるリミットの目印がブラックバンドだ。マスト上部、グースネック、ブーム後端に付いている。

特にマストヘッドはデッキからは見にくい。スタート前には僚艇などに外から見てチェックしてもらうのが望ましい。線の下端までがリミットだ。

ランニングリギン

セールを上に引き上げているのがハリヤード。その他、各種のコントロールラインなども含め、ランニングリギンという。

ヤマハ33S本来の標準艤装はアルミマストだが、〈アドニス〉はカーボンマストを特別装備している。スプレッダー部の付け根の構造もアルミマストとは違う。マストの左右を太いバーが貫通し、そのバーにスプレッダーを差し込むような形で装備される

〈アドニス〉のスプレッダー先端部。インターミディエイト（D2）はスプレッダーエンドで終わっている。ここにターンバックルが付いて、調整はここで行う。アッパーもスプレッダーエンドのカップ内で潰した先端がそれぞれ引っかかって止まっている

スイング31のロワースプレッダー先端。アッパーサイドステイとインターミディエイトが先端部のチップの中を通る。両ステイともワイヤー。インターミディエイトはここで曲げられる。テンションは低いのだが、曲がった部分は当然擦れるので、チェックは怠らないようにしよう

ヤマハ33S〈アドニス〉のマストヘッド部。クレーンの付け根に見えるピンクのロープがメインセール用のハリヤード。バックステイはワイヤーではなくスペクトラ製。その後ろにあるのは、バックステイがメインセールのリーチに引っかからないようにするためのバテンフリッカー。前方に伸びるのが風向／風速計のセンサー。無線のアンテナ部を使って風見が取り付けられているのが珍しい。また、マストヘッドから展開されるスピネーカー用のハリヤードイグジットも見える。ハリヤード自体は外してあるようだ。カーボンマストゆえ、ブラックバンドは白く塗られている

スイング31〈フルードリス〉のマストヘッド部。風見（商品名：ウインデックス）は、これが普通の取り付け方。写真左側が本来のクレーンで、こちらが後ろになる。左端に見えているのがバックステイ。マスト前方にも特別にクレーンが取り付けられ、そこにVHFのアンテナが付いている。中央部には大きな航海灯が付いているが、これは両色灯と船尾灯が合わさったトライカラーライトが停泊灯の上に乗っかった製品。安全のために、目立ちやすいマストトップに装備している。レース艇では、なるべくマストヘッドを軽くするため、ここには付けないことが多い

ランニングリギンは、センターハリヤードがヘッドステイのすぐ下から1本、ヘッドステイの上にウイングハリヤードが左右2本付くレイアウトが標準的だ。

　センターハリヤードはヘッドセール、あるいはトッピングリフトとして使用し、左右のウイングハリヤードはスピネーカーおよびヘッドセールに用いる。レース艇では、ハリヤードの素材としてスペクトラやベクトランなどの高張力の化学繊維を用い、ワイヤーはまず使わない。

　いずれにしても、ハリヤードのテンションはセールカーブに影響を及ぼすので、伸びの少ないものを選びたい。

　ハリヤード類はマストの中を通ってデッキまで導かれているが、その出口は、そのまま英語でイグジットということが多い。

　イグジットには、滑車がついていて摩擦を減らす。通常、滑車は「ブロック」(Block)だが、ブロック内のタイヤ部分を「シーブ」(Sheave)と呼ぶ。

　ワイヤーとロープではシーブも異なるので、ワイヤーハリヤードをスペクトラに交換するような時は注意が必要だ。

　マスト内にはハリヤード類の他にマストヘッドの風向／風速計のケーブルや無線のアンテナ線などが通っている。ハリヤード類は激しく行ったり来たりするわけだから、これらケーブル類と分けて配置することが多い。スプレッダー取り付け部のスルーバーで前後に仕切ることが多い。

各ステイの船側の取り付け部をチェーンプレートと呼ぶ。これはサイドステイ用。簡単に付けてあるように見えるが、しっかり補強されている

ヘッドステイ用のチェーンプレート。ステム（船首材）部に強固に取り付けられている。後ろにジブタックの取り付け部であるタックホーンが見える

スイング31〈フルードリス〉のヘッドステイ取り付け部。黄／黒がスピンハリヤード。その下に見える2本のピンク／黒がジブハリヤード。ちょっと古いレイアウトだ。これらの出口をイグジットといい、この部分（ヘッドステイの取り付け部）をI（アイ）ポイントと呼ぶ。ヘッドステイは、手にしているクレビスピンを差して取り付ける

ヤマハ33S〈アドニス〉のIポイント付近。ヘッドステイの下からセンターハリヤードが、上から左右のウイングハリヤード（ジブ／スピン用）が来る。横にアッパーサイドステイの取り付け部が見える。また、上に見えるのがジャンパーステイ

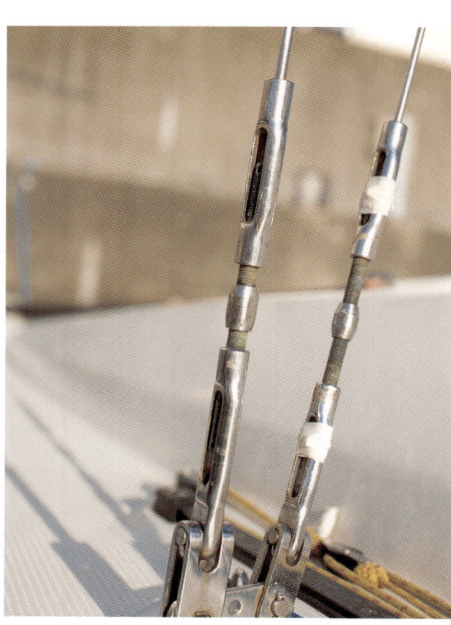
チェーンプレートに取り付けるステイのエンド部には、長さ調整用のターンバックルが付く

オンデッキマストとスルーデッキマスト

マストは、ステップ位置の違いによって、オンデッキマストとスルーデッキマストの2つのタイプがある。

スルーデッキマストの例。デッキの穴（マストカラー）を通ってマストはキャビン内へ。前後左右の隙間は木やプラスチックの板、樹脂などで固め、しっかり固定する

マストの下端、マストヒール部。溝をマストステップ部に固定する。このマストは単なる溝になっているが、横にボルトを通して前後に動かないようにしているものもある

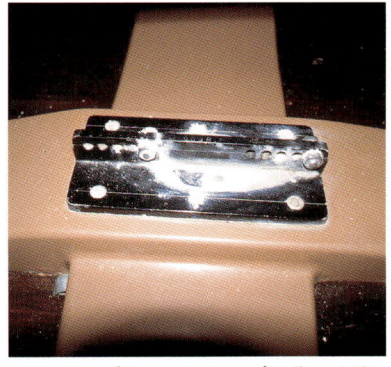

マストステップ部。マストステップにボルトを通して前後位置を固定。穴の位置を変えれば前後位置を調節できるタイプ。ターンバックルで微調整できるものもある

オンデッキマストは、アッパーデッキ（またはキャビントップ）上にマストが乗り、デッキ部にかかる荷重を支えるために、デッキ下には支柱が設けられている。対してスルーデッキマストは、アッパーデッキに穴が開いていて、マストはそこを貫通し、キール上に乗る。

スルーデッキマストの方が、デッキ部分でマストを支えている分だけ頑丈にマストを支えることができ、マストの曲がり具合をコントロールしやすくなる。しかし、マストとマストカラーの間からの水漏れを防ぐのは難しく、その隙間をシーリングしても、マスト内を伝って雨水が浸入する。オンデッキマストでは、そうした心配がないのが一番の利点だ。

レース艇の場合は、多少の漏水よりも、確実にマストを支え、ベンドコントロールもしやすいスルーデッキのマストが圧倒的に多くなっている。

デッキ上のマスト周りには、各ハリヤードのターニングブロックが付いている。ここには大きなテンションがかかる。そこで、この部分のデッキが持ち上がらないように、船底に対して補強が入っている。これがタイロッドだ。

セールカーブとリグ

マストの曲がり具合（マストベンド）とセールカーブとの間には、密接な関係がある。

簡単に書いてしまうと、マストがベンドするほどメインセールのドラフト量は減り、ドラフト位置は後ろへずれる。

また、マストベンドとヘッドステイのテンションは微妙な関係にある。ヘッドステイのテンションとはその緩み具合（サギング量）のことでもあり、これはジブのセールカーブとも密接な関係がある。これも簡単に書いてしまえば、ヘッドステイのサギング量が多いほどジブのドラフト量は増え、ドラフト位置

リグのテンションが高くなると、そのままサイドステイを締め込めなくなる場合もある。そこで、油圧のジャッキを使ってマスト全体のテンションをかけるものもある

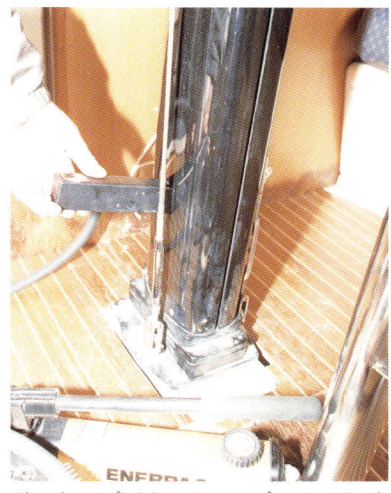

ジャッキアップしたらマストステップにスペーサーを入れ、ジャッキを取り除く。ジャッキのメーターでテンションが分かる。マストの左右には、タイロッドが見える

は前にずれる。

このあたりの詳細は第4章、第5章で改めて解説していくが、まずここでは、マストのベンドとヘッドステイのテンションはどのようにして調整していくのかを見ていこう。同じスループリグでもタイプによって操作が変わってくる。次のページから、各タイプ別に説明していこう。

第4章、第5章を読み終わった後で、再びこの章に目を通していただければ、さらに理解は深まるだろう。

リグのタイプ

スループといっても細かく分けるといろいろなタイプがあり、各ステイの役割や操作方法も違ってくる。タイプ別に見ていこう。

マストヘッド・リグ

ヘッドステイが、マストヘッドから出ているのが特徴。ヘッドステイのテンションは、バックステイと釣り合っている。クルージング艇に多い。

ヘッドステイは、ヘッドセールのラフを支えている。それに対応したバックステイには、大きなテンションがかかっている。ヘッドステイのサギングを調整するためには、バックステイのテンションを調節することになる。

バックステイにテンションを入れれば、そのままヘッドステイにテンションがかかり、サギング量は減っていく。同時にマストもベンドしていくのでメインセールもヘッドセールも共にドラフトが浅くなり、きわめて都合がいい。

しかし、さらにバックステイのテンションを入れていき、マストのベンド量が増大すると、今度はヘッドステイのサギングは大きくなっていってしまう。マストがベンドすることで、ジブタックからマストヘッドまでの距離が短くなってしまうからだ。

そこで、マストベンドとヘッドステイのサギングを細かくコントロールしたいレース艇では、ランニングバックステイ（ランナー）とチェックステイを設けてマストのベンドを押さえつつ後ろに引き、ヘッドステイにテンションをかけられるようになっている。

つまり、マストヘッド・リグのランナーは、後述のフラクショナル・リグにおけるチェックステイの働きをする。クルージングタイプの艇では、ロワーステイを前後に振って、これらの役割を果たすようなものもある。

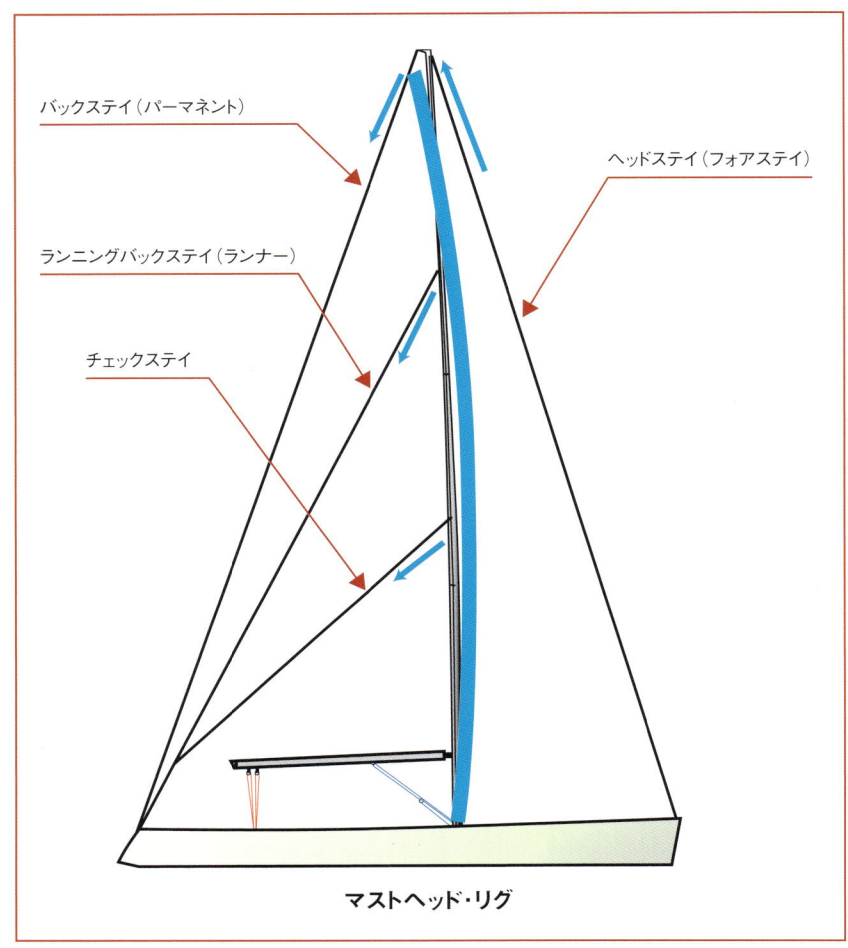

マストヘッド・リグ

マストヘッド・リグのレーサー／クルーザー、「トリップ36」。ヘッドステイはマストヘッドまで伸びている。バックステイも、マストヘッドからトランサム（船尾板）に伸びている。その前に見えるのは、ブームを吊っているメインハリヤード。その前に、ランニングバックステイとチェックステイが見える

セールを展開したところ。ジェノアがマストヘッドまであるのが良く分かる。また、ヘッドセールに比べ、メインセールが小さいという部分にも注目していただきたい

マストヘッド・リグ艇は、当然ながらヘッドセールのエリアが大きくなる。ヘッドセールは何枚も搭載するものなので、かさばるし、扱いにも骨が折れる。ウインチ類も当然大きなものになるなど、重量面や金銭面での負担も大きくなる。しかし、マストを支えるという面ではいたって合理的なので、クルージングタイプのボートでは今でも人気がある。

フラクショナル・リグ

マストヘッド・リグに対し、ヘッドステイがマストの中間から出ているのがフラクショナル・リグだ。ミドル・リグ、中間リグともいう。

相対的にマストヘッド・リグ艇よりヘッドセールは小さくなる。何枚も用意しなければならないヘッドセールが小さいということは、経済的にも有利といえる。

中間リグは、ランナー付きとランナーなしに大きく分類できる。

ランナー付き
（インライン・スプレッダー）

マストヘッド・リグでは、ヘッドステイのテンションはバックステイが担っていたが、フラクショナル・リグではそれはランナー（ランニングバックステイ）の役割になる。

ヘッドステイの付け根はマストヘッドにはない。ここから後ろに伸びるランナーは、ブームとメインセールに当たってしまう。そこで、ランナーは左右1本ずつでワンセットになっている。つまり、タッキング、ジャイビング時にはいちいち左右のランナーを入れ替えなくてはならないので、かなり面倒だ。その上、操作を誤るとヘッドステイのテンションがすべてマストにかかってしまい、重大なトラブルにも結びつく。

そこまでしてランナーを設けるのは、煩雑な操作を補って余りあるほどの利点があるからだ。

ランナーはウインチにリードされ、強いテンションをかけることができる。チェックステイを併用することで、ヘッドステイのテンションとマストベンドを自在にコントロールすることができる。つまり、マストヘッド・リグ艇よりもマストベンドとヘッドステイのサギング量のコントロール範囲が広くなる。これは、セールのドラフトコントロールの範囲も広くなるということだ。

マストヘッドからパーマネントバックステイも付いているが、マストヘッド・リグのそれとは異なり、細く、簡単なテークルで調整するようになっている。

ヘッドステイから上のマストは次第に細くなっていて、この部分にはジャンパーストラット、およびジャンパーステイで

ランナー付きのフラクショナル・リグ。レーサーとしては最もオーソドックスなリグといえる。マストベンドとヘッドステイのサギング量の調整範囲は広いが、その分、操作は煩雑

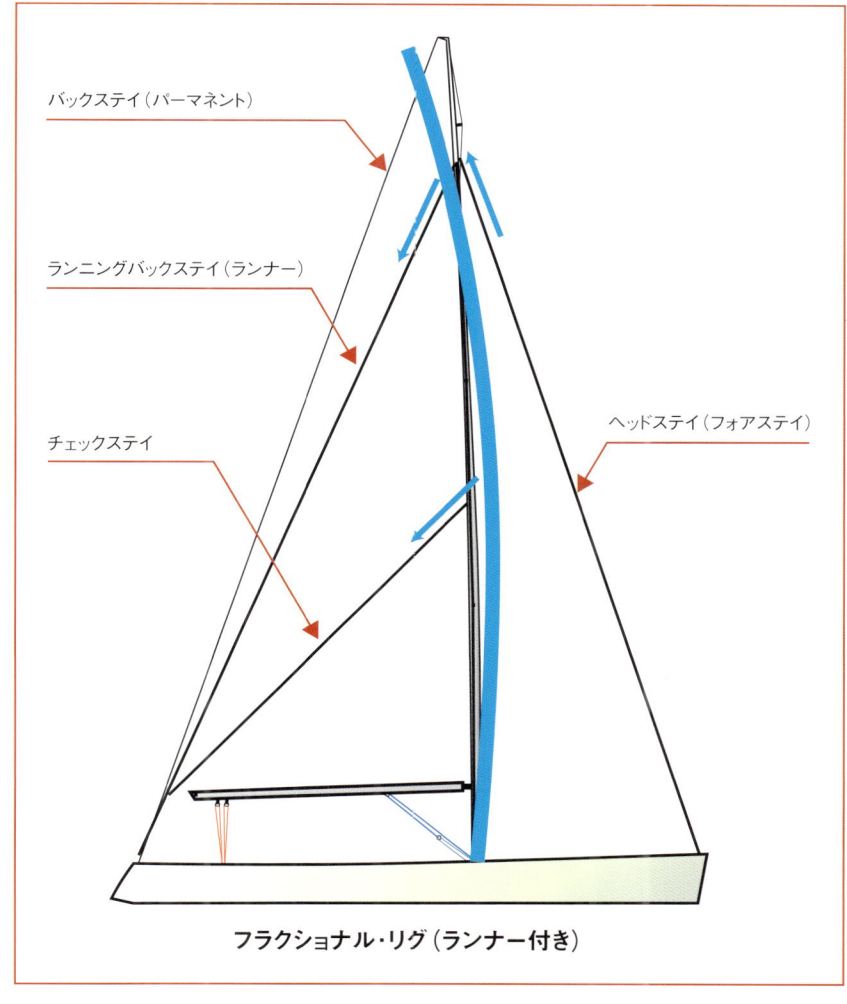

フラクショナル・リグ（ランナー付き）

- バックステイ（パーマネント）
- ランニングバックステイ（ランナー）
- チェックステイ
- ヘッドステイ（フォアステイ）

後ろや横への曲がりを補強、調節できるようになっているものもある。

ランナー付きのフラクショナル・リグでは、スプレッダーは真横に伸びている。そこで、ランナー付きのフラクショナル・リグをインライン・スプレッダーとも呼ぶ。

ランナー付きのフラクショナル・リグは、帆走中の操作は煩雑になるものの、セールトリムの自由度が高いことからレース艇には広く用いられてきた。

ランナーなし
（スウェプトバック・スプレッダー）

同じフラクショナル・リグでもランナーのないタイプの場合、スプレッダーを約30度ほど後退させ、サイドステイを斜め後ろに引くことでヘッドステイのテンションをサイドステイに受け持たせている。

スプレッダーに後退角があることから、スウェプトバック（Swept-back）・スプレッダー、あるいはスウェプト・スプレッダーと呼ぶ。

操作の煩雑なランナーがないので、タッキングやジャイビングは楽になる。

マストベンドおよびヘッドステイのテンション調節は、主にパーマネントバックステイで行うことになる。

パーマネントバックステイを引くと、マストはベンドし始める。そして、その力がヘッドステイにも伝わってサギングを減らしていくわけだ。小型艇なら、メインシートを引くことによってもマスト全体を後ろに引いていることになるので、ヘッドステイにテンションがかかる。

マストが曲がりすぎないように（ベンド量を調整）するためには、ロワーステイがこれにあたる。ランナー付きリグのチェックステイのような役割だ。

アッパー、ロワーともに、サイドステイは斜め後ろに引かれる。つまり、マストの前後方向のベンドの調節と、横方向ベンドの調節が複雑に影響しあうので、そのセッティングはなかなか難

ヤマハ33S〈アドニス〉のマスト。2組のスプレッダーには後退角が付き、ヘッドステイのテンションを支えている。インライン・スプレッダー艇ではこれが真横に伸びている

本書のモデル艇であるヤマハ33Sは、ランナーなしのフラクショナル・リグだ。現在、クラブレースで最も多く見られるタイプだが、マストのチューニングはなかなか複雑

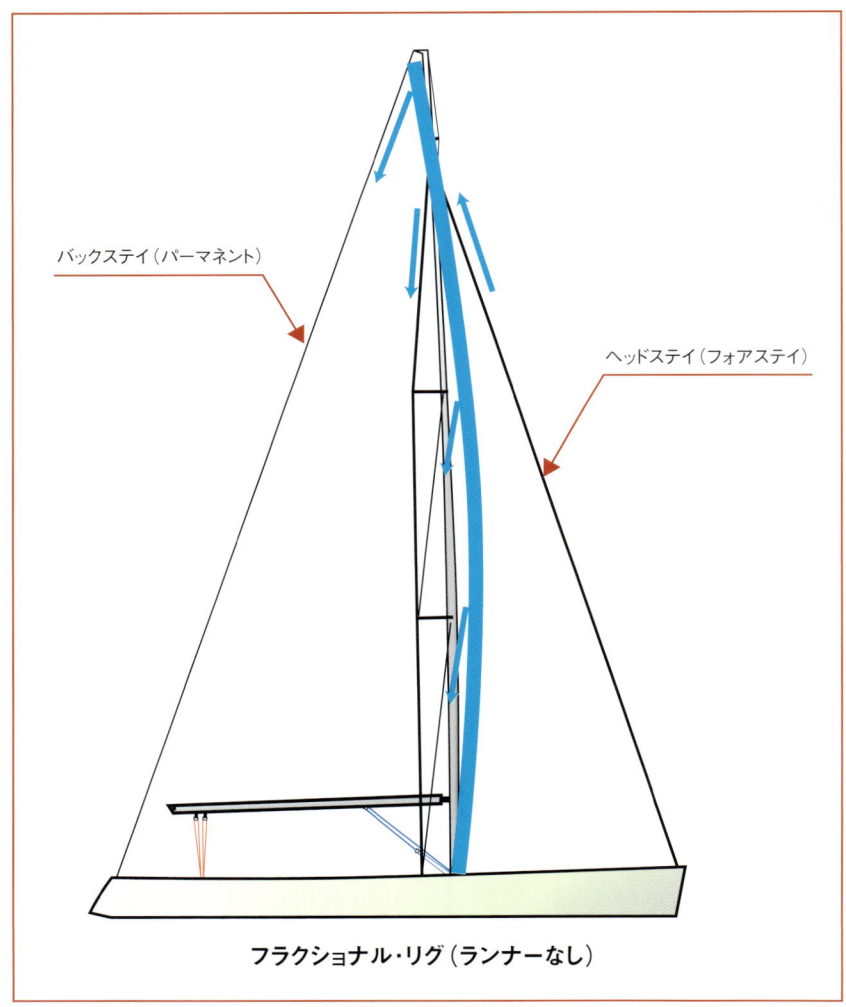

フラクショナル・リグ（ランナーなし）

ノンオーバーラップジブのMumm30。写真は軽風だが、ヘッドセールはこのサイズ。メインセールのエリアが大きいので、トータルのセールエリアは結構大きい。マストヘッドにワンドが見える

Mumm30を後ろから見る。スプレッダーが長いのが分かる。サイドステイのチェーンプレート間隔が広いということで、その分、マストを軽量化するなどのメリットがある

しい。その上、バックステイの調整だけで、広い風域に合わせたドラフトコントロールをするのは難しい。風速に合わせ、マスト全体のセッティングを変えてやらなければならない。

そうした調整は、いちいちターンバックルを回して行わなくてはならず、また、ルール上、レース中に調節することができない。そのレースの風速コンディションをあらかじめ予測して、リグのセットをスタート前（準備信号前）に決めなくてはならないわけだ。

このリグの艇はスタート直前までこうした調整を行っている。たとえ50ft艇でも、マストジャッキでいったんテンションを抜いて、大きなレンチを振り回して奮闘している。

「クルージング艇なので微風では遅い」などと嘆いているあなた、強風も微風も同じリグ・セッティングで走ってはいませんか？

7/8リグ

同じスウェプトバック・スプレッダーのフラクショナル・リグでも、クルーザー／レーサーなどでよく見られるのが、ヘッドステイの付け根（Iポイント）の位置が高い7/8リグと呼ばれるもの。

正確に7/8の位置にIポイントがあるというわけではないのだろうが、元々フラクショナル（Fractional)とは分数の意味。ちなみにヤマハ33Sで計算してみると、6.5/8の位置にIポイントがあった。7/8リグは、通常のフラクショナル・リグよりもIポイントが高い位置にある、という程度に覚えておこう。

Iポイントが高い位置にあるということで、バックステイのテンションはよりヘッドステイに伝わりやすい。よって、よりマストヘッド・リグ的に使えるということになる。つまり、マストのベンド量は減るがヘッドセールにテンションをかけられる→サギング量を減らしやすい、ということになる。

ノンオーバーラップジブ

通常、一番大きいヘッドセールはサイドステイの外を通ってメインセールにオーバーラップする。いわゆるジェノアというもの。しかし、最大のヘッドセールでもオーバーラップのない小さなものしか持たない艇を、ノンオーバーラップジブ艇という。

これは、単にヘッドセールのエリアが小さいというだけではない。一般的なリグでは、ジェノアの引き込み角度を狭く保てるよう、サイドステイのチェーンプレートをなるべく内側に配置するよう努力されている。ジェノアがサイドステイの外を通るからだ。

ところが、サイドステイの間隔が狭くなるほど、リグを支える面ではマイナスとなる。両者を両立させるために、設計者は苦労しているのだ。

ところが、ノンオーバーラップジブしか持たないならば、サイドステイの外を通ってシーティングされるヘッドセールはないわけだから、サイドステイのチェーンプレートはデッキ幅いっぱいまで広くとれる。よって、マストとサイドステイの成す角度は、通常のインラインスプレッダー・リグでは10度程度であるところを、ノンオーバーラップジブ・リグならば14度以上取ることが可能になる。

これにより、リグ全体をより軽くするなり、同じ重さならより高くするなり、あるいは同じ高さなら堅くするなり、さまざまなメリットが生じる。

ノンオーバーラップジブは、ワンデザインクラスとして人気の高いファー40やマム30といったクラスで採用されている。ヘッドセールのエリアは小さいが、その分メインセールは大きいのでトータルのセールエリアが少ないわけではない。

ダウンウインドでは、スピネーカーの大きさは普通の艇と変わらなかったり、あるいはマストヘッドから展開する巨大なスピンを用いたりして、大きなメインセールと共にパワフルな走りができる。

ヘッドセールの大きさは、マストヘッド＞普通のフラクショナル＞ノンオーバーラップ、となる。メインセールの大きさはその逆。ヘッドセールは枚数も多いので、これが小さいということは経済的で、デッキワークも楽と、なかなか理にかなったリグである。

マストチューニング
CHAPTER 3

マストチューニングという言葉を聞いたことがあるだろう。あるいは、すでにマストチューニングで悩んでいるというセーラーも少なくないだろう。

この章では、実際のマストチューニングについて順を追って解説していくことにする。

マストのベンドとヘッドステイのサギング量が、メインセールとヘッドセールのドラフト量の調節に重要な関わりがある、ということは前章で簡単に触れた。つまりマストそのものの調節も、セールトリムの重要な要素になるということだ。

マストの調節といっても、ルール上、ステイ類はバックステイ、ランニングバックステイを除いてレース中は調整してはならない。

レース中とは、スタート準備信号以降をいう。通常、スタート4分前からレース中となる。レースが始まってしまったら、フィニッシュするまでリギンの調節はできないのだ。

そこで、それらのリギンを事前に調整し、適正なマストの状態になるようセッティングすることを「マストチューニング」と呼んでいる。

まず基本は、正しくマストを立てること。正しくマストが立っていないと、左右のタックでセールカーブが違ってしまう。ひどい時にはマストの破損にもつながる。

さらに、チューニングを詰めていけば、ボートスピードが大きくアップすることを実感できるだろう。

レース中に操作できるバックステイでの調整範囲が変わってくるので、強風用のチューニング、あるいは中風用、軽風用のチューニングと、使い分ける必要も出てくるだろう。

クラブレースで常に上位に入る艇とそうでない艇との差は、マストチューニングができているかいないかに起因することも多いのだ。

同型艇で競うワンデザインクラスでは、マストチューニングの差が如実に成績に表れる。しかし、艇種が変わると、その差は分かりにくかったりする。もう一度、自艇のマストチューニングを見直してみよう。

マストチューニングは、速く走るためのみならず、安全のため、つまりマストが折れないようにするためにも重要な作業なのだ。

ターンバックル

マストは各ステイで支えられている。それらのステイは、ターンバックルによってテンション（張り具合）の調節を行う。まずはターンバックルの仕組みと扱い方を覚えよう。

ターンバックルにもいろいろな種類がある。基本的には、正ネジと逆ネジの組み合わせで長さを調節する仕組みだ。どのタイプでも基本操作は同じ。ワイヤー（あるいはロッド）側が回らないようにレンチで押さえ、本体部分を回す。どちらに回したら伸びる／縮む、を間違えないように把握しよう。適した工具を使わないと、ターンバックルを傷めてしまう。

過大なテンションをかけると、ターンバックルのネジが焼き付いてしまうことがある。大型艇では、マストステップ部を油圧ジャッキで上げ下げし、全体のテンションを抜いた状態でターンバックルを調整するようにしている。小型艇でも、あまりに固いようなら、セーリングして力のかかっていない風下側だけを調節するようにするとよい。

ターンバックルの調整が終わったら、緩み止めに割りピンなどを入れるのを忘れないように。風下側でテンションがかかっていない時、ブラブラ揺れながら緩んでしまうことがある。また、尖った部分でセールが破れないように、ビニールテープでテーピングしておこう。

セーリング後はターンバックルに清水をかけ、潮をよく落とすこと。たまにシリコンスプレーなどをかけてやるのもいい。

I.J.P.E

ルール上、重要な意味を持つのが、I、J、P、Eの各数値だ（図）。それぞれ、各セールを展開する際の基準となる2点間の長さである。マストやブームには、ブラックバンドを設けてそれぞれの起点としている（第2章参照）。

マストチューニングで問題になるのが「J」の値。おおよそヘッドステイの付け根からマスト前面までの長さになる。長さはルールで決まってくるので、これを確認しよう。

長さが決まったら、マストカラー（パートナー）部に直接マジックペンで書き込んでしまうといい。

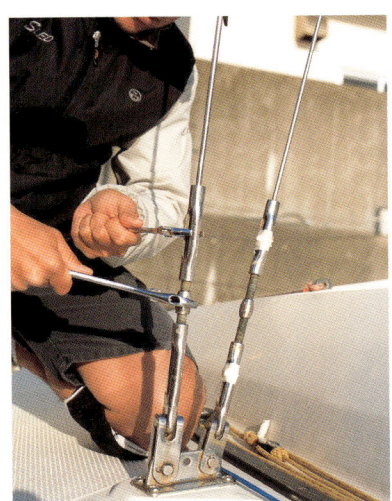

モデル艇の〈アドニス〉に装備されているターンバックルはちょっと変わっていて、本体部分にネジが切ってある。しかし操作は同じで、ロッド側（上）を回らないようにレンチで押さえ、本体部分を回して伸縮させる

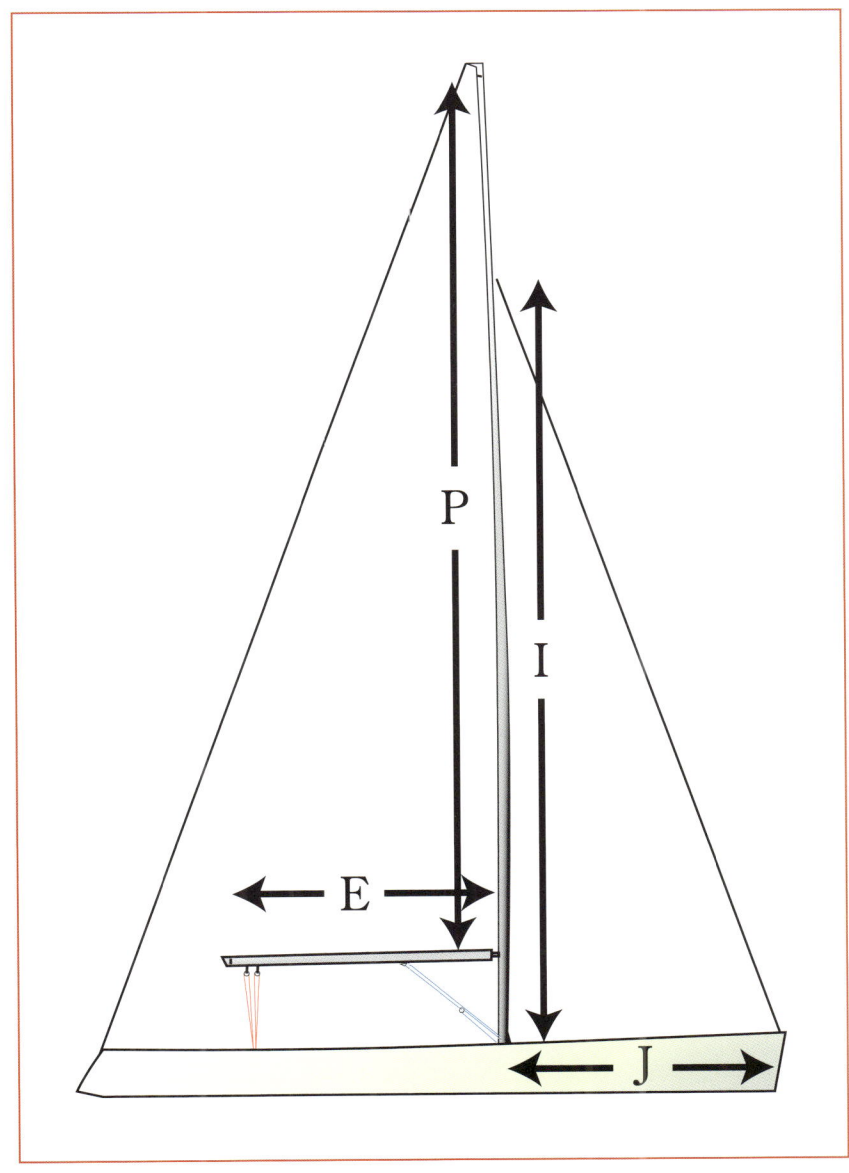

マストレーキ

「レーキ」というのはマストの傾きのこと。対して、マストの曲がりは「ベンド」という。

通常、マストは後ろ方向にレーキさせる。レーキ量によって、ヘルムが変わってくる（詳しくは「ウェザーヘルムとマストレーキ」コラム参照）。セールメーカーなどが出している艇別のチューニングガイドがあれば、それに合わせるのが基本だ。特にガイドとなるものがなければ、最初は1〜2°の後傾に設定してみよう。

バックステイのテンションを抜き、メインハリヤードに細いラインを結びマストトップまで揚げる。ラインの下にはウインチハンドルなどを結んで重りにする。

これで、グースネック部でのマスト後面からの距離を測る（写真）。マストトップからグースネックの距離はPの値を用い、以下の数式でレーキ量が分かる。

レーキ（度数）＝測った距離／（Pの値×0.017）

仮に、マスト後面からの距離が0.28m、Pが11.0mとすると、
0.28／（11×0.017）＝1.49
レーキ量は1.49°となる。

逆算するなら、
角度×0.017×P＝マスト後面からの距離
仮に、レーキを2°にしたいなら……
2×0.017×11＝0.374
測定値が37.4cmになるようにすればよい。

アフトレーキの調節は、ヘッドステイの長さを変えることによって調節する。

クローズホールドでウェザーヘルムが足りなければ、アフトレーキ量を増やしてみる。逆にウェザーヘルムが強すぎるようなら、アフトレーキ量を減らす＝ヘッドステイを短くする。

アフトレーキ量は、マストトップからロープを垂らし、マスト後面からの距離を測ることによって計算できる

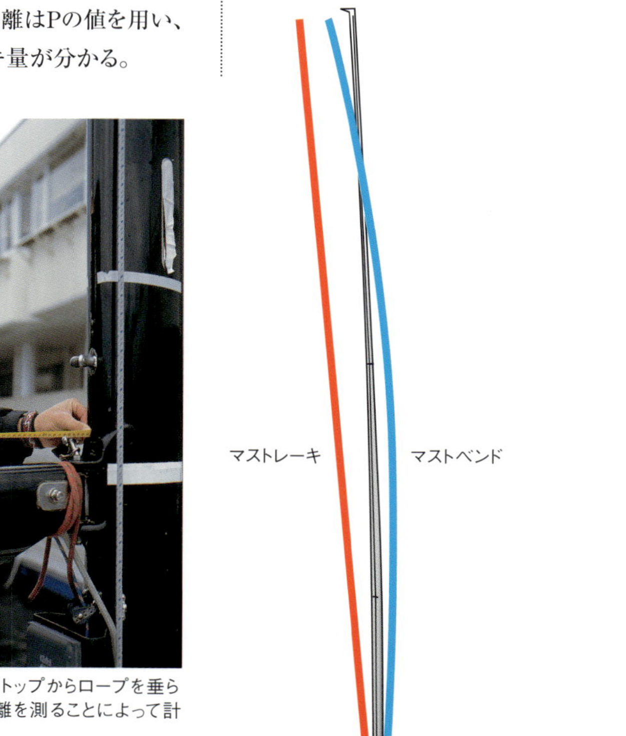

マストレーキ　マストベンド

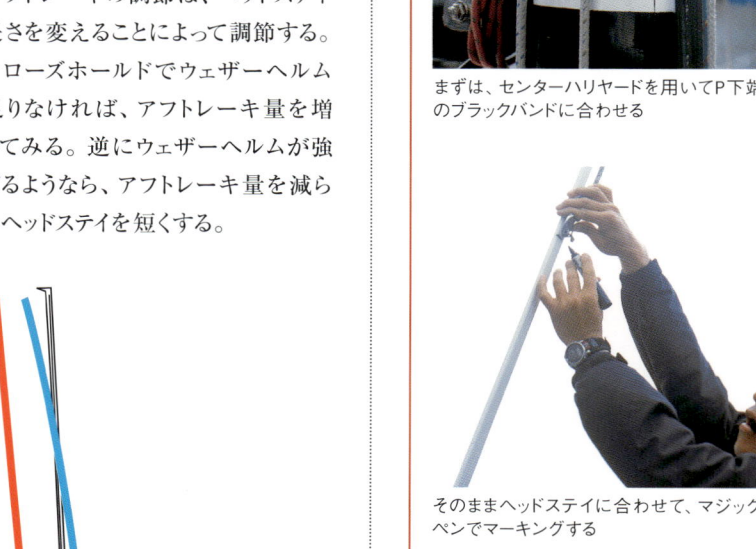

ヘッドステイの長さも測っておくと、後のチューニングに便利だ。ワンデザインクラスのチューニングガイドでもフォアステイの長さでマストレーキ量を表していることが多い

まずは、センターハリヤードを用いてP下端のブラックバンドに合わせる

そのままヘッドステイに合わせて、マジックペンでマーキングする

ヘッドステイの付け根のクレビスピンのセンターからの距離を測る

ウェザーヘルムとマストレーキ

ウェザーヘルムによって風上に切り上がろうとする艇を真っ直ぐに走らせるには、舵は常に切った状態にあるということになる。

第1章で説明したように、ラダーを切るということは、水流に対して迎え角を持たせることになり、ラダーからも有効に揚力を発生させることができる。

ラダーの面積は小さいが、海水の密度は空気の800倍もあるので、そこから生じる揚力は無視できないのだ。

逆にラダーを切りすぎては——すなわちウェザーヘルムが強すぎては、抵抗が多くなってしまう。少ない抵抗で大きな揚力を得られる、舵角に見合った適度なウェザーヘルムであることが重要だ。

一般に、約4〜5°ラダーを切った状態で真っ直ぐ走る程度のウェザーヘルムが適当とされている。適度なウェザーヘルムとなるように調整していこう。

ウェザーヘルムは、さまざまな要素によって生じるが、マストチューニングではマストのレーキ量によって基本的なウェザーヘルムの量を調節する。

図のようにマストをアフトレーキさせると、セールから生じるパワーの中心点は後ろへ移動し、船を風上へ回頭させる力となる。ウェザーヘルムが足りなければマストをアフトレーキさせる、というのはそういう理由だ。

クラスルールによっては、ヘッドステイの長さの最大値／最小値が決まっていることもあるので注意しよう。たとえば、J/24クラスでは元々ウェザーヘルムが足りないので、ヘッドステイはルールいっぱいまで長くするのが一般的だ。

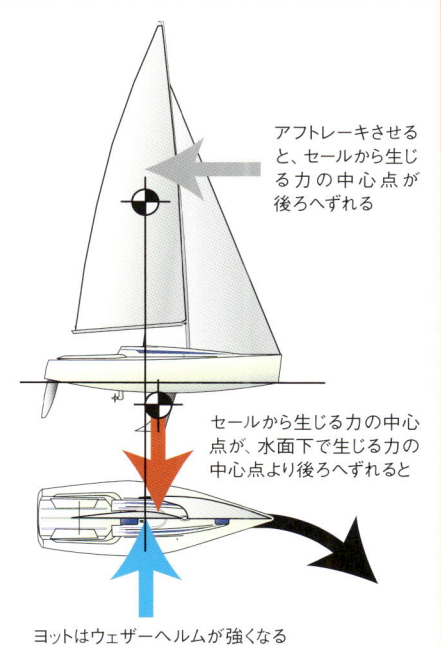

アフトレーキさせると、セールから生じる力の中心点が後ろへずれる

セールから生じる力の中心点が、水面下で生じる力の中心点より後ろへずれるとヨットはウェザーヘルムが強くなる

プリベンド

マストのベンドが、メインセールのドラフト調節に繋がるということはこれまでに説明してきた。

バックステイなりランナーなりにテンションをかけ、マストを後ろへベンドさせるためには、あらかじめ、ある程度のベンドが（もちろん後ろ方向に）なければならない。これをプリベンドと呼んでいる。

プリベンド量は、アフトレーキ同様マストヘッドまで揚げたメッセンジャーラインをぴんと張りグースネック部分に押し当て、マストとの距離を測る。

中間リグ艇でPの長さの0.5%程度（30〜50mm）。マストヘッドリグならその半分くらいを標準に考えよう。直接測るのは大変なので、マストの太さと対比させて判断してもいい。

プリベンドの調節は、マストステップの位置とマストカラー（マストパートナー）部の位置によって決まってくる（右図）。マストカラー部の位置を調節してもいいが、普通この位置はJの値としてルールで決まっている。そこで、マストステップ側を前後に動かして調節することになる。

ランナーなしの中間リグ艇の場合は、スプレッダーの振り角とアッパー、ロワー各ステイのテンションにも関係する。詳しくは本章の終わりで解説する。

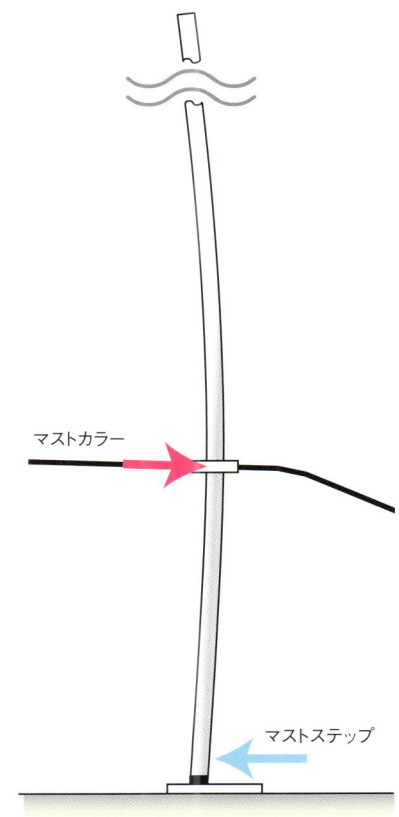

マストステップを後ろへずらすことによって、プリベンド量を増やすことができる。プリベンドが大きいということは、マストベンドの割にフォアステイのテンションが少ないということにもなる

プリベンド量は、メインハリヤードをピンと張って測ろう

マストステップは、微調整できるようになっている場合もある

左右はまっすぐに

左右方向にはレーキがないように、つまりマストは前から見て真っ直ぐになるように左右のアッパーステイを締めていこう。左右に傾いていると、ポート／スターボでの走りが違ってきてしまう。

センターのチェックは、ジブハリヤードのイグジットがセンターにあるなら、ジブハリヤードをそのまま使うと簡単だ。写真では、メインセール用のグルーブをうまく使ってメジャーを揚げて測っている。

これで、マストのセンターラインからサイドステイの付け根（チェーンプレート）までの長さを測り、左右同じ長さ＝距離になっていれば左右の傾きがないということになる。チェックしながら左右のアッパーステイを締め込んでいこう。

まずはアッパーのみ。ここではロワーシュラウドはまだブラブラでいい。

左右のステイは、必ずしも同じ長さに加工されているとは限らない。つまり、左右のターンバックルの締めしろが同じだからといって、左右の傾きがないとはいえないことに注意しよう。

さらに、船体自体が左右で微妙にずれている場合もある。マストカラーが正しくセンターライン上にないかもしれない。「マストが真っ直ぐ立つ」よう、さまざまな観点から測ってみよう。

ここまでの作業は下準備として重要だ。じっくりと落ち着いて進めていこう。

アッパーのテンションを決める

横方向へのマストベンドは、ディスマスト（マストが折れる）の原因にもなる。安全にも繋がる部分だ。十分注意してきちんとセッティングしていこう。

サイドベンドを抑えるためには、アッパーステイ（アッパーシュラウド、キャップシュラウドともいう）のテンションを上げる。調節は、ターンバックルで行う。

テンションが足りなければ、マストはサイドベンドし、最悪の場合、折れてしまう。テンションが高すぎても、マストを下に押しつぶす力が強くなりすぎてしまい、ターンバックルの破損やマストを折る原因となることもある。

どの程度のテンションにするかは、設計者からデータが出ているはずなので、その数値を参考にしよう。

テンションは、小型艇ならテンションゲージで（写真）、大型の艇でマストジャッキを装備しているなら、マストジャッキのメーターで確認できる。

デザイナーからデータが提示されていない場合は、独自に求めなくてはならない。これは、セーリングしながら決めていくことになる。

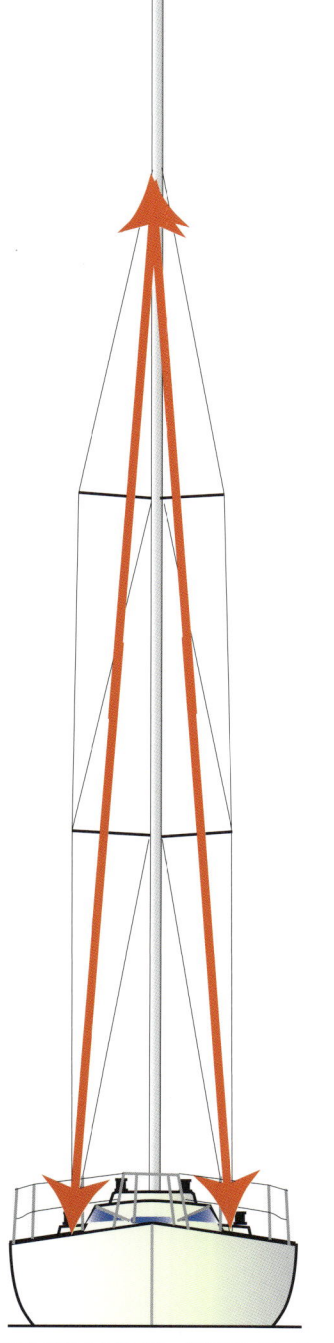
マストが前から見てまっすぐに立っているか、メジャーで測って確認する

マストのセンターラインに沿わせて、メジャーをIポイントまで揚げる

そのままチェーンプレートまでの距離を測り、左右の傾きをチェック

まず、軽風時にメインセールのみで走ってチェック。次に、ヘッドセールも揚げてチェック。次第に強風コンディションでチェックという段階を経る。

最終的には、クローズホールドでクルー全員がハイクアウトし、20〜25度ほどヒールしているような時にチェックしよう。

この時、風下側のアッパーステイがブラブラなら、その分マストが風下にベンドしているということだ。アッパーのテンションが弱すぎるということになる。

逆にこの状態でもまだ、風下側がビンビンに張っていたら、テンションが強すぎる可能性がある。これ以上風速が上がっても、艇はヒールするだけで、リグのテンションが上がるわけではない。つまり、これ以上のアッパー・テンションは必要ないということになる。過度のアッパー・テンションは、マストを押しつぶす（挫屈）作用を与えているにすぎない。かえってトラブルの元になるので、緩めてやる必要がある。

マストの左右の傾きはすでにチェック済みなので、ここでの調節は左右同じ回数だけターンバックルを回して行うようにする。

ランナーなしの中間リグ艇では、アッパーステイのテンションは、ヘッドステイのテンションにも影響する。これはヘッドステイのサギング量にも影響するということになり、非常に重要な要素となる。本章最後のページで別に解説しよう。

シュラウドのテンションは、テンションゲージを使って測ろう。今後、チューニングを続けていく上でも、データの積み重ねが重要だ

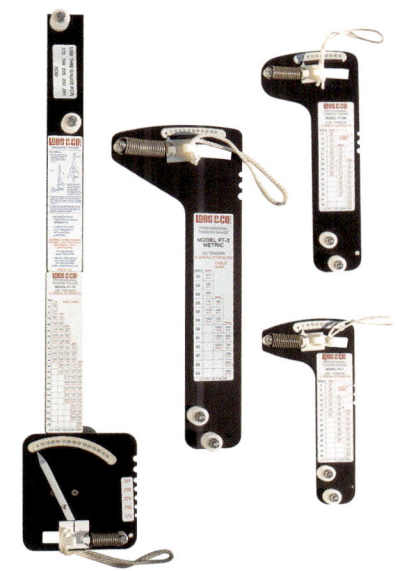
テンションゲージには、サイズによって各種ある。自艇に合ったものを是非とも装備したい

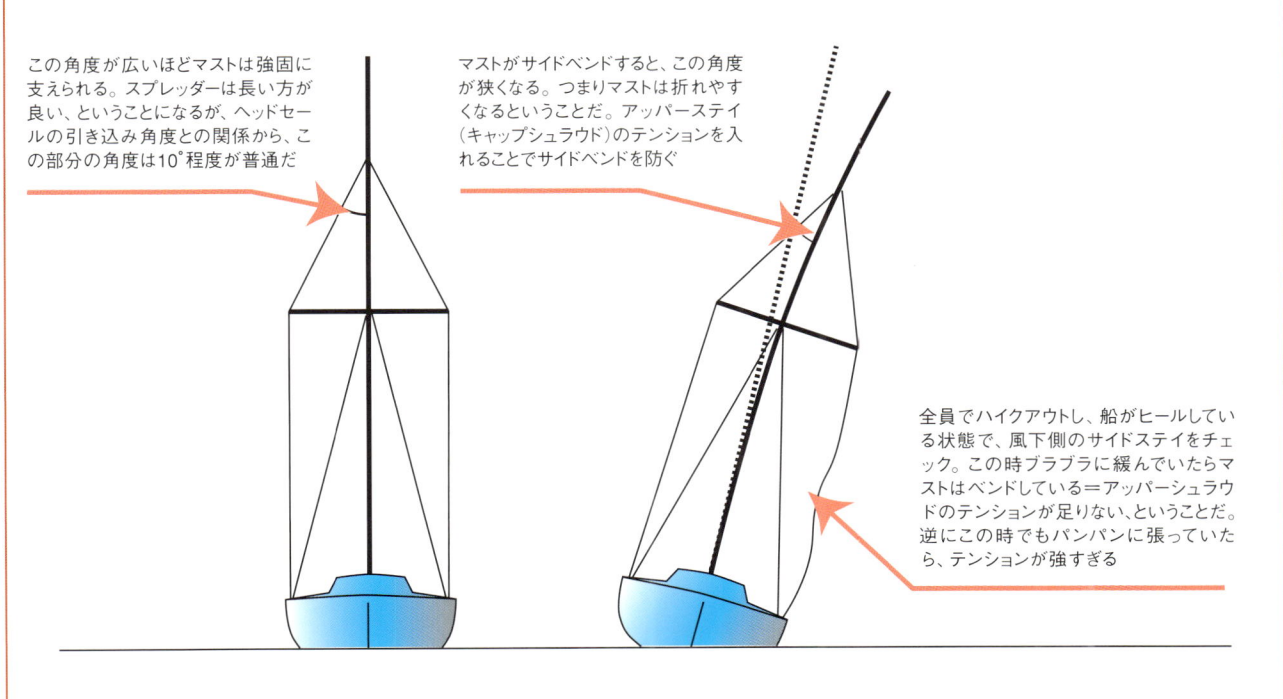

この角度が広いほどマストは強固に支えられる。スプレッダーは長い方が良い、ということになるが、ヘッドセールの引き込み角度との関係から、この部分の角度は10°程度が普通だ

マストがサイドベンドすると、この角度が狭くなる。つまりマストは折れやすくなるということだ。アッパーステイ（キャップシュラウド）のテンションを入れることでサイドベンドを防ぐ

全員でハイクアウトし、船がヒールしている状態で、風下側のサイドステイをチェック。この時ブラブラに緩んでいたらマストはベンドしている＝アッパーシュラウドのテンションが足りない、ということだ。逆にこの時でもパンパンに張っていたら、テンションが強すぎる

仕上げはDの調整

アッパーステイのテンションが決まったら、ロワーステイ（D1）はブラブラがなくなるまで（工具なしで締められる程度まで）締めた状態でセーリングしてみよう。

軽風時を選んで、最初はメインセールのみを揚げてセーリング。サイドベンドをチェックしていこう。グースネックのあたりから、グルーブをすかして見上げるようにすると分かりやすい。

アッパーステイのテンションはすでに決めたはずなので、ここでマストトップが風上側に曲がっているようなら、ロワーが弱いということになる（下図）。タックして両舷をチェックしつつ、風下側の力のかかっていない方のターンバックルを締めていく。

この時点では、インターミディエイト（D2、あるいはD3もあれば）は、まだテンションがかかっていない状態（手で締められる程度）でいい。

ロワーがある程度決まったら、ジブを揚げてクローズホールドを走る。この状態で、さらにマストの曲がりをチェックする。マストがクニャクニャと波打って曲がっていたら、それを抑えるように対応するロワーステイ、インターミディエイト（D1、D2、D3）のテンションを調節していく。締めすぎないように注意しよう。緩すぎる状態から徐々に締めていくのが基本だ。また、ターンバックルが固いようなら、必ずタックを返し、風下側にしてから回すようにしよう。

不連続リギン（第2章参照）では、D2、D3のターンバックルがスプレッダーの上にある場合もある。つまり、クルーがマストに登らないと作業はできないので多少不便ではあるが、このチューン（左右の曲がりの是正）はメインセール

サイドベンドのチェックは、マストを下から見上げるようにして行う。最初はこまめにチェックしよう

のシェイプに影響を与えるし、また、あまりにひどいとマストを折る原因にもなる。時間をかけて行おう。

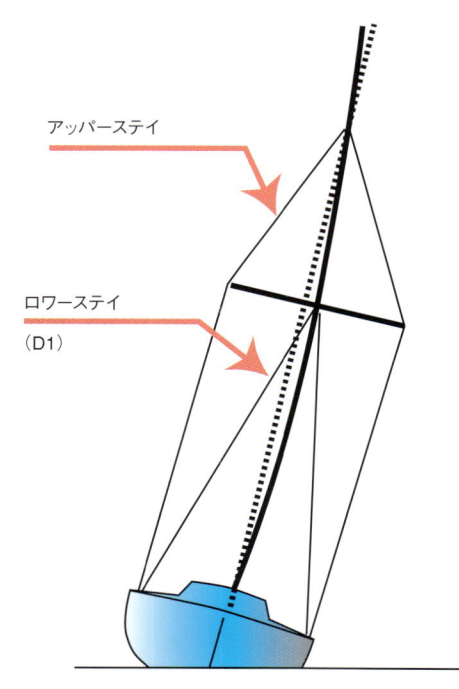

ロワーステイが緩いと、マストは風上側にベンドしているように見える。これはアッパーが強すぎるのではなく、ロワーが緩いということ。
とにかく、最初はアッパーステイのテンションを決めるところから始め、D1、D2の調整でゆがみをなくしていくと考えよう。（この図では、D2は省略しています）

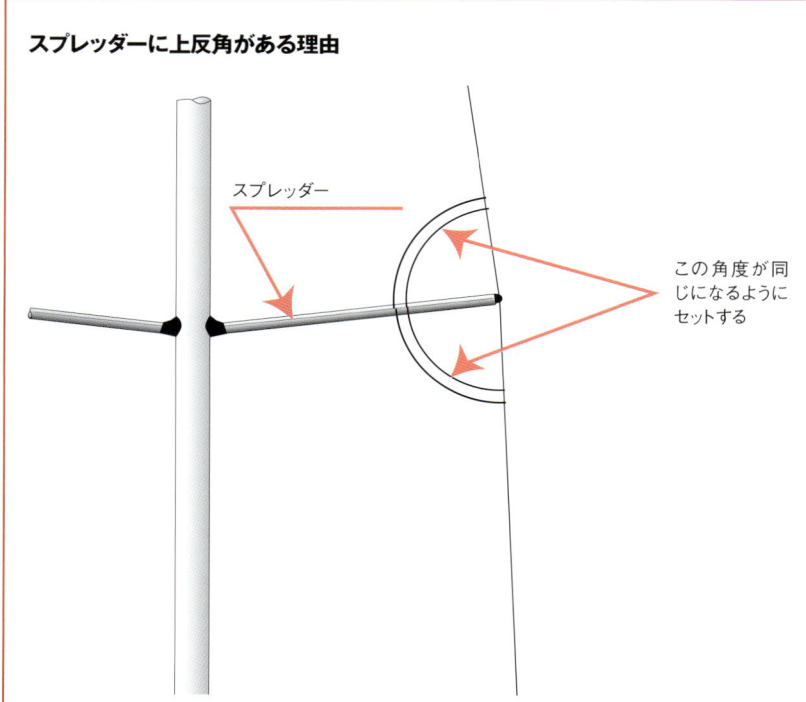

スプレッダーに上反角がある理由

アッパーステイによって、スプレッダーはマストに押しつけられている。スプレッダーに加わる力をそのままマストに伝えるためには、図の角度が等しくなければならない。
この角度を等しくさせるためには、スプレッダーは僅かに上に跳ね上がっていなくてはならないのだ。飛行機の翼に上反角があるのとは理由が違う。

スウェプトバック・スプレッダー艇のマストチューニング

ランナー付きのインライン・スプレッダー艇、あるいはマストヘッドリグ艇のマストチューニングは、ここまで解説したような手順を経る。しかし、本書のモデル艇となっているヤマハ33Sのように、ランナーのない中間リグ艇（スウェプトバック・スプレッダー艇）では、マストチューニングがやや複雑になる。

インライン・スプレッダー艇と異なり、サイドステイは斜め後ろ方向にマストを支えている。つまり、アッパーステイはヘッドステイのテンションを支え、なおかつ、サイドベンドにも影響してくるわけだ。さらに、ロワーステイのテンションはマスト前後方向のベンドと同時に、横方向のベンドにも関係してくる。スプレッダーの振り角と共に、プリベンド量にも関わるわけだ。

一方、インライン・スプレッダー艇では、ランナーとチェックステイのコントロールで、ヘッドステイのテンションとマストベンドを自在にコントロールできる。風速が上がれば、ランナーを引くことによって、マストはベンドし、ヘッドステイのテンションも上がる。ベンドしすぎないよう、なおかつヘッドステイのテンションを上げるよう、チェックステイでコントロールすることもできる。

しかし、ランナーのないスウェプトバック・スプレッダー艇では、これをバックステイのみで行わなくてはならない。バックステイでのヘッドステイのテンション——つまりサギング量の調節幅は狭い。そこで、大きな風速の変化に合わせて、各ステイのバランスで調節しなくてはならないことになる。マストを支えるリグ全体のテンションは「リグの固さ」として、セーリング性能に大きく影響してくる。

基本的には風が強くなるに従ってリグも固くしていくわけだが、これは通常ヘッドステイのターンバックルを調節することで行う。ヘッドステイを締めればアッパーステイにもテンションが入るというわけだ。アッパーステイにテンションがかかればスプレッダーの根元は前に押されて、ロワーにも自動的にテンションが入る。

さらに強風になれば、ロワー（あるいはD2も）も詰めてマストベンドを抑え、ヘッドステイによりテンションが入るようにする。

艇種によってはヘッドステイのターンバックルはほぼ1本分、つまり、微風時には空転止めの穴がやっと見えるくらいまで緩め、強風時にはほぼ一杯まで締め込むほどの量を調整することもある。風速が上がるとウェザーヘルムも増すが、ヘッドステイの長さが短くなることによってアフトレーキ量が減り、ウェザーヘルムは軽減されるというメリットもある。

J/24クラスの場合、元々ウェザーヘルムが少ないので、一般的にはルール上限のヘッドステイ長にセットしている。そのため、リグのテンションは、直接アッパーステイを調節することで行っている。この場合、左右同時に同じ回転になるように注意して操作しなければならない。

風域レンジに対応した各ステイのテンション（マストチューニング）は複雑なので、セールメーカーなどが出しているクラスごとのチューニングガイドを参考にし、これを出発点にしよう。後は、同型艇との走り合わせを繰り返し、最適なセッティングを探し出すのだ。

なお、こうした調整は、ルール上、レース中には行うことができない。スタート前にその日の風速を想定してセッティングを決断しなくてはならない。

かなり面倒な作業だが、このタイプのリグでは50ftクラスの大型艇でも同様の煩雑な作業を行っている。スピードアップの第一の儀式でもあるのだ。

マストチューニングは奥が深い。トップレベルのレース艇でも、常にチェックし続けている。クラブレース・レベルでも、マストチューニングを楽しむようなつもりで臨もう。新たなレースの世界が広がるはずだ。

高木 裕のワンポイント・アドバイス　チューニングの失敗

J/24全日本選手権での話です。いつもの位置から5mmマストステップを前にずらしただけで、ボートスピードがまったく遅くなってしまいました。実は、これがチューニングガイドに合わせた位置だったのですが、おかげで初日の成績は散々でした。

マストステップを前にずらしたことでヘッドステイのサギング量が減ってしまい、すべてのバランスが大きく変わってしまいました。そのため、軽風下でアンダーパワーとなり、クローズホールドのスピードが非常に悪くなってしまったのです。翌日、マストステップをいつもの位置に戻したところ、素晴らしいスピードを取り戻しました。

このように、ランナーのない中間リグ艇では、マストのセッティングは複雑なバランスの下に成り立っているのです。

また「チューニングガイドのデータもすべてではない」ということでもあります。

最終的に答えを出すのは自分自身です。普段の練習で僚艇と走り合わせ、より良いセッティングを追求していきましょう。結論は出なくてもいいのです。自分なりの答えに近づけていくしかありません。

メインセール
CHAPTER 4

メインセールはその名の通りメインとなるセールだ。マストの後方に展開し、前辺はマストに、下辺はブームに沿わせる。

通常、メインセールは1枚しか搭載できない。アップウインドでもダウンウインドでも揚げたら揚げっぱなしで、レース中はいかなる時にも使い続けることになる。それだけ、重要なセールといえる。

メインセールにも材質や構造など、いろいろな種類があることは第1章で説明した。

第4章では標準的なメインセールについて、各部の名称、その艤装と扱い方、トリムの仕方について解説していきたい。

各部の名称

ラフ

ラフ（セール前縁）は、マスト後面のグルーブ（溝）に沿って取り付ける。

クルージング艇ではラフにスライダーが付いていて、ちょうどカーテンレールのように取り付けるタイプのものも多い。これによって、セールを全部降ろしてもラフがばらけることがなく、小人数でもセールの揚げ降ろしが楽になるように工夫されているわけだ。スライダータイプの場合は、セールを降ろした後もブームに付けっぱなしにすることが多い。紫外線対策にブームカバーで覆ってはおくものの、通年そのままになる。

しかし、レース艇ではラフ部分の空気の流れを考慮してボルトロープをそのままグルーブに入れる仕様になっている。揚げ降ろしは多少面倒になるが、レース艇の場合、紫外線に弱いセールをブームに付けっぱなしにしておくことはない。ということで、ボルトロープ仕様の方が都合がいいということもある。

メインセールのラフは直線ではなく、ローチと呼ばれる膨らみがある。ローチによってセールにドラフトができる。

リーチ

リーチ（セール後縁）は、リーチロ

ーチと呼ばれる膨らみを持ち、面積を稼いでいる。そのローチ部分が折れ込まないようにバテンが挿入されている。

バテンはFRPなどで作られた細い板で、ブームに平行なタイプとリーチに直角なタイプがある。一般的に、数は4〜5本だ。

バテン間は、僅かにホローカーブ（へこんだ曲線）になっている。さもないと、リーチ部が風ではためいてしまう。つまり、リーチは曲線というよりも、バテンとバテンを結んだ多角形になっている。

フット

フットにはラフ同様ボルトロープが付いていて、ブームのグルーブに通す。

レース艇では、ボルトロープがなく、フット部分はタックとクリューの2点で留まっているものが多い。これをルーズフットタイプという。

クルージング艇の場合、メインセールは付けっぱなしでブームの上で畳み、ブームカバーで覆って紫外線を防ぐが、レース艇ではメインセールも毎回外して収納するので、ルーズフットタイプの方が扱いが楽になる。

フット部分にはあまり力はかかっていないので、ルーズフットでも問題はないが、アウトホールが切れるとセール全体が風にたなびいてしまうというデメリットもある。

ピーク

メインセールの頂点（ピーク）にはピークボードが付く。多くはアルミ製で、メインハリヤードを取り付ける穴が開いている。ピークボードの幅も、ルールで決まっている場合が多い。

ピーク部は、メインセールのストレスが集中する場所の1つだ。その分、補強のパッチも集中している。

ラフ部分は、写真のようにボルトロ

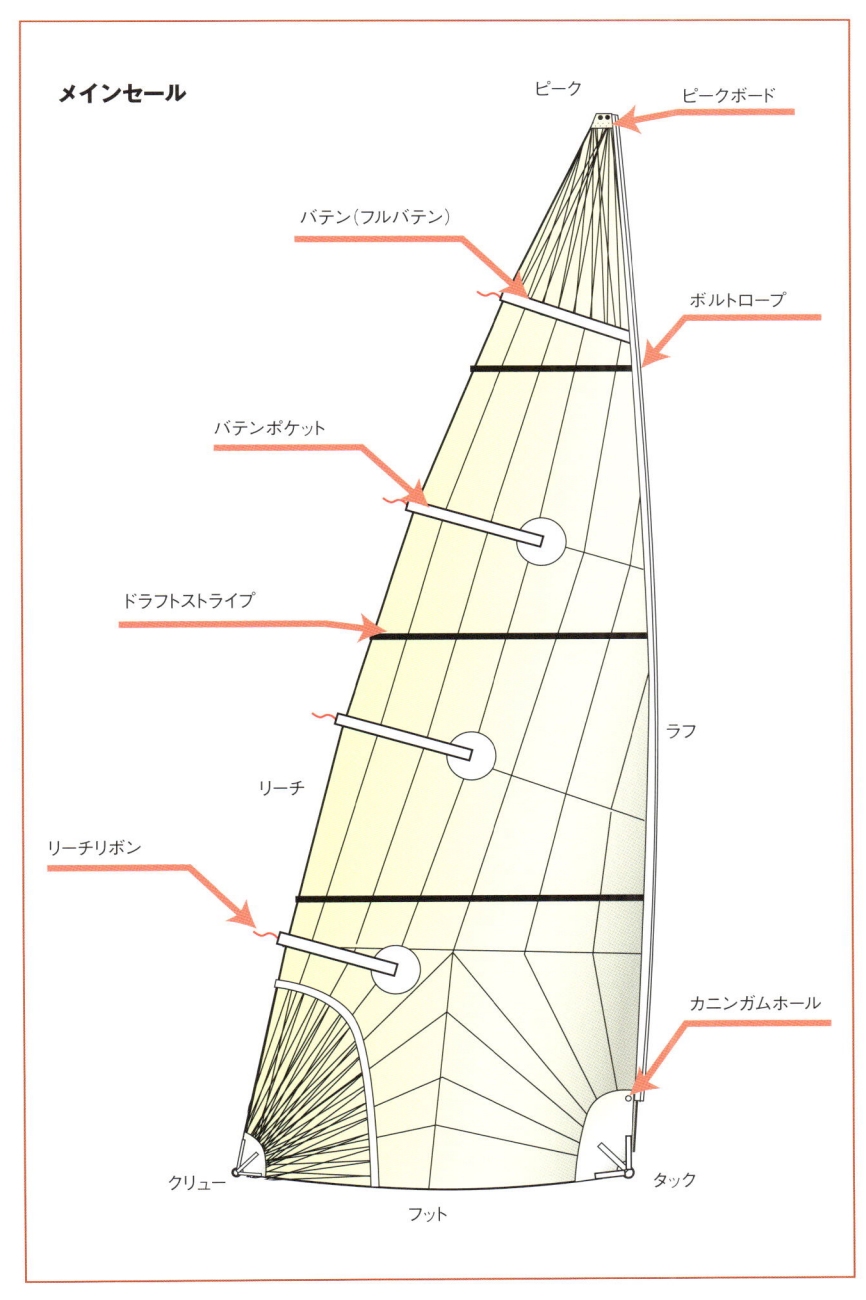

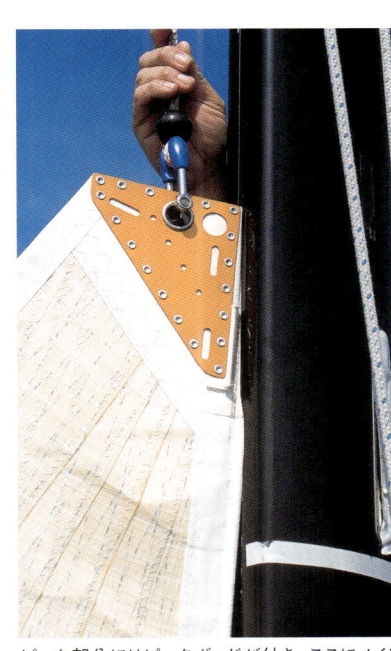

ピーク部分にはピークボードが付き、ここにメインハリヤードを留めて引き上げる

クリューとクリュー・アウトホール。モデル艇はルーズフットタイプなので、後ろ(写真左)から2番目に見える白いベルトでクリューがブームから離れないようにしている

ープをマストのグルーブにはめ込む。下に見えているのがプレフィーダー。グルーブへ導くためのガイドだ。

クリュー

　セールの後端がクリュー。乗組員はクルー(Crew)、こちらはClewで、本書ではクリューと表記する。

　ブーム後端にあるクリューアウトホールを接続して後ろへ引かれる。ちなみにアウトホール(Outhaul)の「haul」は「引っ張る」という意味で、穴(hole)ではない。

　ルーズフットタイプの場合は、アウトホールを緩めた時にブームとのあいだに隙間ができないように(クリューがブームに沿って前後に移動するように)、ベルクロ製のベルトを巻いて留める。

　写真の一番後ろに見える白いラインがブラックバンド(ブームが黒いので白く塗られている)。セールを展開できるのはこの前端まで。つまりこれより後ろへはアウトホールを引けない。

　前側の2本のベルトはメインシートブロックの取り付け用。リベットでアイを取り付けるよりブームにダメージを与えにくいよう工夫されている。

タック

　セールの前下端、ラフとフットの交点をタックという。タックには他にもいろいろな意味があるので混乱しないようにしてほしい。

　メインセールのタックは、グースネック部分のタックホーン(写真)に固定される。タックホーンとの取り付け方法には、さまざまなタイプがある。ここにはあまり力がかからないし、後述のカニンガムが付くので、タックを固定しない艇もある。

バテン

　リーチローチをささえるための細い棒(板)が、バテンだ。

　セールのカーブに沿うようテーパーになっているものが多い。テーパーバテンは薄い方を前、厚い方をリーチ側にして使う。

　クラスルールによって長さや本数が決まっているものもある。ルールで規制されていないクラスでは、5本、7本な

タックとタックホーン

左：バテンはセーリング中に抜け落ちないようにしっかりと入れよう
上：バテンにはテーパーが付く。薄い方が前、厚くて硬い方がリーチ側になる

ど試行錯誤を行っているが、数が多くなるほど重くなるというデメリットもある。

以前は計測上、一番上のバテンが#1、一番下が#2。上から2番目が#3、となっていて、ややこしかった。現在、特に決まった名称はないが、一般的には上から、TOP、MID-UP、MID-LOW、BOTTOMという呼び分け方が多い。

それぞれ長さも違うが、硬さ(厚み)も違う。また、強風用には硬いバテン、微風用には柔らかいバテンというふうに使い分けることもある。

フルバテン

セールのラフからリーチまでわたるバテンをフルバテンと呼ぶ。一番上のバテンだけがフルバテンになったもの、全部がフルバテンになったものなどいろいろある。フルバテンの使用についても、細かくクラスルールなどで決まっていることが多い。

バテンポケット

バテンは、セールのバテンポケットに差し込んで使用する。つまり、取り外しできるようになっているわけだが、レース中に抜け出てきたりしては大変だ。一旦セールを降ろさないとバテンはセットし直せないため、大きく順位をロスしてしまう。

そこで、バテンポケットの構造もいろいろと工夫されている。できればバテンを押し込む時に、そのテンションを調節できるようになっている方が良い。

バテンポケットで最近多いのが、ベルトの先に付いたベルクロのテープと専用のテンショナー（短いバテンの切れ端を用いる）を用いてテンション調節が可能なタイプ。テンショナーをベルクロの間に入れてベルトごとバテンを押し込む。

抜く時はテンショナーを差し込み、ベルクロを剥がしながら引き抜く。

リーチリボン

バテンポケット後端に縫いつけられた細いリボンにより、風の流れを目で確かめることができる。これを、リーチリボンと呼ぶ。

薄いスピネーカー用のクロスを使って取り付けられている。

リーチリボンはトリムの目安になる。写真上にはリーチコードのクリートが見える

トリムライン

ドラフト量とそのポジションを確認するため、トリムラインが入る。

セールを4つに分け、3本のラインが入っていることが多い。

メインセールの
コントロールライン

メインセールをコントロールするラインは、メインシート、トラベラー、ブームバング、アウトホール、カニンガム、そしてマストのベンドを調節するバックステイなどからなる。それぞれの役割と効果を解説していこう。

メインシート

メインセールのトリムの主役がメインシートだ。ブームの開き具合、つまりメインセールのシーティングアングルの調節を行う。常に風に対して適正な角度（アタックアングル）を保とうよ、ベア（風下に回頭）したらメインシートを出してシーティングアングルを広く、ラフ（風上に回頭）したらシートを引き込んでシーティングアングルが狭くなるようトリムする……というのが、ごくごく基本のセールトリムになる。

ところが、実際にはクローズホールド時のメインシートの役割は、リーチのテンション、つまりリーチの開き具合——セールのツイスト量を調節することにある。

メインシートを最も引き込んだ状態からシートを緩めていくと、まず最初はブームが跳ね上がりリーチが開く。つまりメインセールはツイスト量を増す。さらにシートを緩めていくと、次第にブームが開き、シーティングアングルが広くなっていくというわけだ。

メインシートの艤装は、艇の大きさによって異なる。

25〜33ftくらいまでなら、モデル艇のようにテークルで行う。テークルの数は、船のサイズによる。船が大きくなれば、当然それだけ力もかかるのでテークルは多くなる。

単純にテークルを多くすると引き込むための力は少なくて済むが、引き込むシートの長さはそれに反比例して長くなってしまう。下マーク回航時など、一気にブームを引き込まなくてはならないときに、これでは困るのだ。

そこで、スピーディーに引き込む時と、最終的にリーチテンションを入れていく時とに分けて使うことができるよう、専用のテークルが付くものもある（メインシート・トラベラー写真参照）。

35ft以上になるとテークルでは引き込みきれなくなるので、ウインチを使う。やはり素早く引き込むために、シートエンドはグースネックからデッキへとリードされ、クルーがこの部分を直接持って引き込むこともできるように工夫されている。

いずれにしても、人力で扱うことに代わりはない。体力も必要だ。

リーチテンション＝セールのツイストは、ブームエンドを後ろから見上げると分かりやすい

メインシートを引くことによってリーチにテンションが入る

メインシートを緩めると、ブームは斜め上方に持ち上がり、リーチが開く

メインシート・トラベラー

クローズホールド時には、メインシートはリーチテンションの調節、つまりセールのツイスト量の調整に使う。メインセールのツイスト量を一定に保ったままシーティングアングルを変化させるためには、トラベラーを用いる。

メインシートとトラベラーを組み合わせることで、シーティングアングル（アタックアングル）とセールのツイスト量を自由自在にコントロールすることができるわけだ。

メインシート（緑）とトラベラー（黄）。メインシートのテークルが2段階に分かれており、ファイナルの部分（白いシート）で最終的なテンション調節が可能になっている

メインシートのテンションはそのままで、トラベラーを移動することによって、リーチのテンションはそのままに、シーティングアングルのみを変化させることが可能になる

メインシートとトラベラーの組み合わせで、ブームをセンターライン上に留めたままリーチのテンションを調節したり、リーチテンションを保ったままシーティングアングルを変えることができる

ブームバング

ブームを下に引く、つまりブームの跳ね上がりを抑えるための艤装がブームバングだ。通常はコクピットまでリードされていないので、メインセールトリマーではなく、デッキクルーが操作する。

トラベラーの可動範囲内では、メインシートとトラベラーの操作でシーティングアングルとリーチのテンションをコントロールできる。しかし、トラベラーの可動範囲を超えるとブームバングの出番になる。ブームバングで直接ブームを下方向に引き、リーチにテンションを与えるというわけだ。

主に、リーチング〜ダウンウインドでのリーチテンションの調整――ツイスト量の調節に用いる。

小型艇では、クローズホールド時にもブームバングを利かせてリーチのテンションを保ち、メインシートの出し入れだけでシーティングアングルを調節する「バング・シーティング」という方法をとることもある。しかし、強風時にはブームバングにかなりの力がかかるので、その分を考慮してタックルを選ばなくてはならない。

また小型艇では、ブームバングによってグースネック部が前に押され、マストがベンドするという効果もある。

ブームバングにはセールを降ろした時にブームが落ちてこないよう、スプリングやガス入りのピストンが付いているものが多い。これがつっかえ棒になって、ハリヤードを落としてもブームがデッキに落ちてこないようになっている。

ブームバングでもリーチのテンションコントロールができる。トラベラーの稼働範囲外で使おう

ブームバングは、左右両舷から操作できるように艤装する。時にはハイクアウトした体制で操作することもある

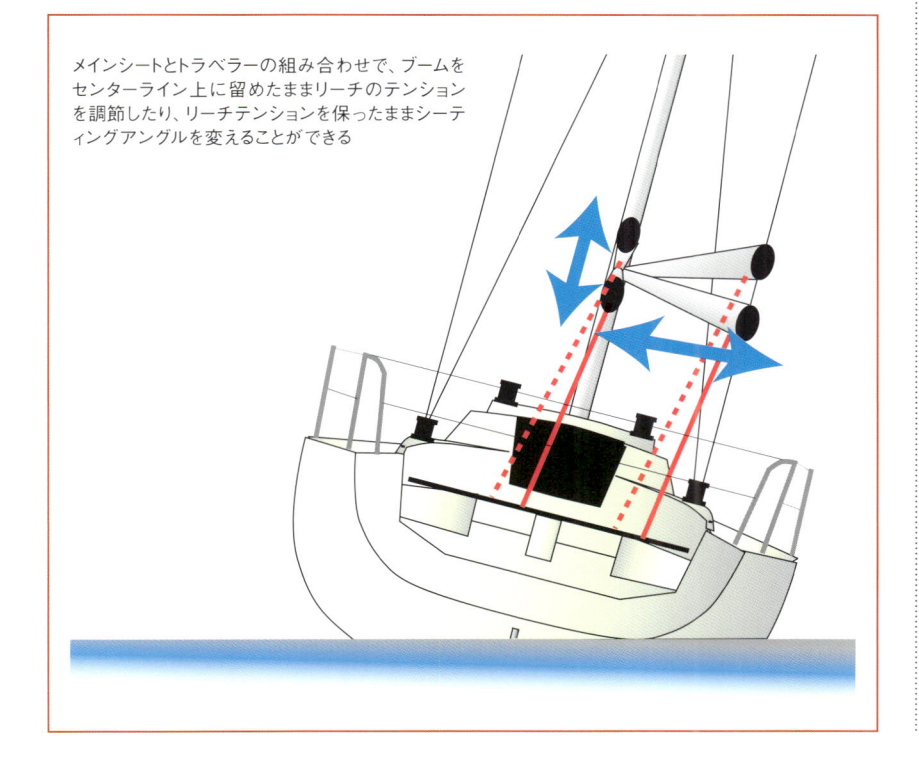

マストベンドと
メインセールのドラフト

　メインセールのラフには、ローチと呼ばれる膨らみがついている。これを真っ直ぐなマストに沿って展開すればローチの部分は余り、余りはそのまま膨らみとなって現れる。つまりドラフト量が増え、セールは深くなる。

　マストをベンドさせることによって、この膨らみは吸収されてセールは浅くなる。

　セールの膨らみ＝ドラフト量の調節は、マストベンドで行うと覚えよう。

　第2章で解説したように、マストベンドのコントロール方法は、リグの種類によって多少違ってくる。

ランニングバックステイ

　インライン・スプレッダーの中間リグ艇で、ヘッドステイのテンションを後ろ方向で支えているのがランニングバックステイ、通称ランナーである。（第2章参照）

　ランナーはヘッドステイを直接後ろに引いている。大きなウインチで巻き込んで、強いテンションをかけることができる。

　ランナーを引くと、ヘッドステイにテンションがかかると同時に、マストはベンドする。マストがベンドすることによって、メインセールのラフローチがマストの曲がりに吸収され、セールはマスト側から浅くなっていく。つまりドラフト量が減る。ランナーを緩めマストのベンド量を減らせばセールは深く——ドラフト量は大きくなる。

　ランナーを引くことによってマストはベンドするが、ベンド量が多くなるとヘッドステイのテンションは逆に抜けていってしまう。次章ヘッドセールの項でも詳しく解説するが、ヘッドステイのテンション（ヘッドステイのたるみ＝サギング）は、マストベンド同様ヘッドセールのシェイプに大きな影響を与える。

　そこで、チェックステイを利かせることにより、マストのベンド量をコントロールしながらヘッドステイのテンションを調節していくわけだ。

　第2章で解説したように、チェックステイはランナーに直接接続されており、これでマストのベンド量を決めれば、後はランナーを引き込むことによって、ある程度オートマチックにヘッドステイのテンションとマストベンドを折り合いよくコントロールできるようになっている。

　チェックステイを緩めておけば、ランナーを引いた時に、ヘッドステイのテンションのわりに、よりマストはベンドする。逆に、チェックステイを引いておけば、ヘッドステイのテンションのわりに、マストのベンド量は少ないということになる。

　これは、別の見方をするなら、ランナーでヘッドステイにテンションをかけ、チェックステイでその時のマストベ

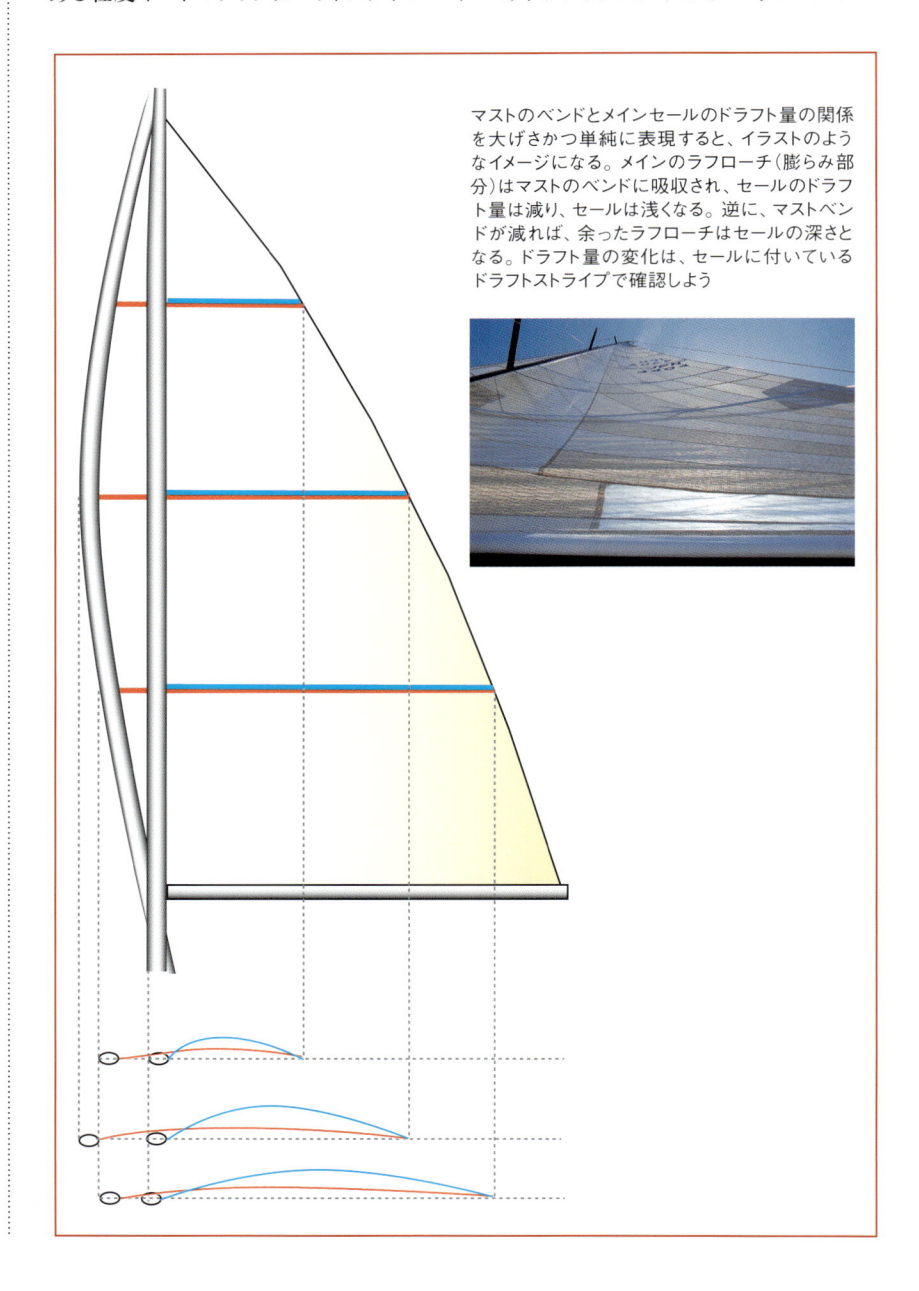

マストのベンドとメインセールのドラフト量の関係を大げさかつ単純に表現すると、イラストのようなイメージになる。メインのラフローチ（膨らみ部分）はマストのベンドに吸収され、セールのドラフト量は減り、セールは浅くなる。逆に、マストベンドが減れば、余ったラフローチはセールの深さとなる。ドラフト量の変化は、セールに付いているドラフトストライプで確認しよう

モデル艇（ヤマハ33S）のバックステイ。テークルでテンションをかけるようになっている。コントロールラインはメインセールトリマーの手元までリードされ、セールのパワーをコントロールする重要なタックルとなる

ンド量をコントロールしていると考えてもよい。

セールのドラフト量を調節するということは、セールのパワー調節、車でいえばギアチェンジに相当する。そして、メインセールおよびヘッドセールのドラフト調節に、ランナーとチェックステイは非常に重要な役割を果たしているのだ。

特にランナーには大きな力がかかっている上、トラブルになるとレース続行が不可能になるほどの影響がある。日頃のチェックを怠らないようにしよう。

パーマネントバックステイ

マストヘッドから後ろへ伸びているのがパーマネントバックステイだ。ランナー同様、マストのベンド量をコントロールしている。

先に述べたインラインスプレッダー艇では、ランナーがマストベンドおよびヘッドステイテンション調節の主役で、パーマネントバックステイはマスト上方のベンド量をコントロールする補助的な役割になる。

しかし、第2章でも解説したように、マストヘッドリグ艇ではパーマネントバックステイがランナーの役割を果たす。そしてランナーがチェックステイの役割を果たしている。

モデル艇のようにランナーのない中間リグ（スウェプトバックスプレッダー）艇でも、パーマネントバックステイはマストのベンド調節に重要な役割を果たす。つまり、バックステイの出し入れで直接メインセールのドラフト量をコントロールすることになる。

また、スウェプトバックスプレッダー艇では、リグ全体の「固さ」がヘッドセールのシェイプを含めたセール全体の形状に大きな影響を与えるというのは、第2章、第3章で述べてきた通りだ。

高木 裕のワンポイント・アドバイス
マストとセールの関係

マストベンドとセールのラフローチは非常に密接な関係にあります。

当たり前のことですが、マストが決まっていて新しくセールを作る場合には、マストのベンドに合ったラフローチを持つメインセールが必要になります。

あるいは、実際にセールをセットアップする場合には、そのセールに合ったマストベンドを作る必要があるということです。

マストのベンドとセールの形状が合っていないと、変なところに皺が出たり、セールがフラットにならないなど、メインセールの力を100％発揮することができないのです。

カニンガム

ドラフト位置の調節は、ラフテンションの調整によって行う。メインセールのラフテンションを調節するのが、カニンガムだ。

ラフテンションはメインハリヤードでも調節できるが、通常メインハリヤードはブラックバンドいっぱいまで引いてロックさせてしまうことが多い。艇種によっては、メインハリヤードの伸びを嫌い、マストトップでロックさせてしまうものもある。そこで、カニンガムでタック部を下に引きラフにテンションをかけることになる（下写真）。

マストをベンドさせるとメインセールはマスト側から浅くなっていく。つまり、ドラフトの中心は後ろへ下がってしまう。この時、カニンガムを引くことによって、ドラフト中心を前に移動させることができる。

メインセールのドラフト位置は、前から45％〜50％くらいにあるのが一般的だ。メインセールのドラフトストライプをよく見て判断しよう。

カニンガムはメインセールトリマーの手元までリードされている場合もあるが、多くはグースネック部で調節する。したがって、その操作はバウマンの仕事になる場合もある。

ちなみに、カニンガムとは発明した人の名前。メインのラフテンションはカニンガムでフレキシブルに調節しよう。

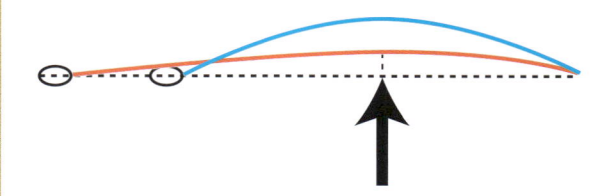

ベンドしたマストにラフローチが吸収されていくのでセールは前の方からフラットになっていく。つまり、ドラフトの中心は後ろへずれてしまう

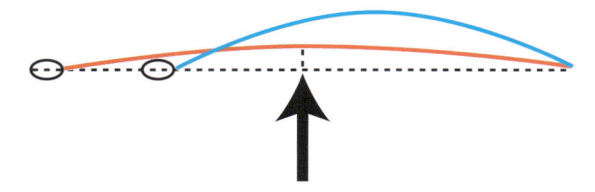

カニンガムを引くことで、ドラフト中心を前に移動させることができる。ドラフトの中心は、ラフから45％〜50％を目安にして調整しよう

メインセールのラフテンションを調節するのがカニンガム。カニンガムホールを下に引くことによってラフにテンションをかける

カニンガムを引くと、セール下部に皺ができるが気にすることはない。全体のセールカーブをよく見て調節しよう

クリュー・アウトホール

マストのベンド量は、当然ながら中央部で一番大きくなる。ドラフト量の変化は、セールのコード長（前後の長さ）に対するベンド量の大小によるので、セール下部に行くにしたがってドラフト量の変化は少なくなる（右図）。

そこで、メインセール下部のドラフト量の調整はクリュー・アウトホールによって行うことになる。

アウトホールを引くとドラフト量は減り、セールは浅くなる。緩めるとドラフト量が増えセールは深くなる。

クリュー・アウトホールはグースネック付近にリードされることが多いが、メインセールトリマーの手元までリードされているものもある。

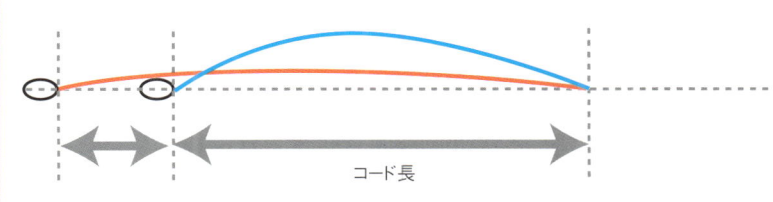

メインセールの中央付近はマストのベンド量が大きいので、ドラフト量の変化は大きい。また、ピークに近づくにつれてコードが短くなるので、僅かのマストベンドでもドラフト量は変化しやすくなる

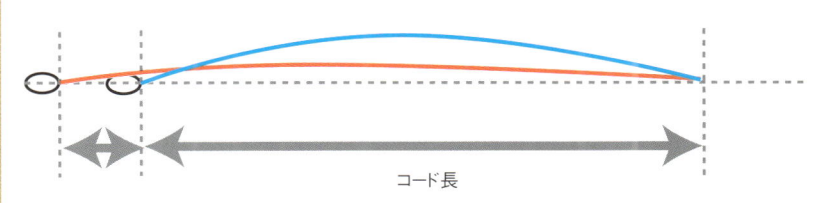

メインセール下部、つまりブームに近づくにつれ、マストのベンド量は少なくなる。その上コードは長くなる。そのため、ドラフト量の変化は少なくなる

リーチコード

リーチのバタつきを押さえるため、細いロープがリーチ側の袋状になっている部分の中に通っている。エンドにクリートが付き、これでテンションを調節する。

リーチがバタつくようなら、バタつかない程度にリーチコードを引き、クリートで留める。きついようなら、バタつかない程度に緩めてやる。

大型艇になると、ブームが出た状態でも操作可能なように、ピークからラフ側を通ってリードされ、タック部でクリートできるようになっているものもある。

リーチがばたつくようならリーチコードを引いて対応しよう

クリュー・アウトホールを緩めるとクリューは前に移動。セール下部のドラフト量が増す＝セールは深くなる

クリュー・アウトホールを引くとクリューは後ろへ移動。セール下部のドラフト量は減る＝セールは浅くなる

ヘッドセール
CHAPTER 5

　ヘッドセールとは、マストの前に展開するセールの総称である。メインセールが実質上1枚きりであるのに対し、ヘッドセールは風速／風向に合わせて、さまざまな種類がある。

　ダウンウインド用のスピネーカーもヘッドセールに分類されるようだが、ここではマストの前に展開する三角形のセール、特に風上航に用いるものについて解説していこう。

　通常「ジブ（Jib）」と呼ばれ、カッターリグなどでジブの後ろ（なおかつマストの前）に展開するステースル（Staysail）と区別されている。

　堅苦しく分類するとややこしいが、最近のレースで用いられているのは三角帆のスループリグがほぼ100%なので、深く考える必要はない。ただし、単にジブといっても小型艇でも最低2枚、大型艇なら5～6枚を搭載しているので、チーム内でそれぞれの呼び名を統一することは重要だ。

　各セールは、サイズ（セール面積）が異なるばかりか、シェイプ──つまりドラフト量などのデザイン自体も異なっている。あるいはクロスの厚みと、それに伴う強度も異なっており、風速などのコンディションに合わせて使用することになるわけだ。

　搭載できる枚数はルールで決まっている場合もある。枚数が多ければいいようなものだが、それだけ選択に迷うことになるし、枚数が少なければ1枚のセールの使用範囲が広くなるわけで、それだけトリムに工夫が必要になるということでもある。

LPとサイズ

　ジブのサイズはLPを基準にして表される（右図参照）。LPの長さがJに対して何パーセントあるか、という数字になる。

　一般的に、LPがJの110%程度（メインセールにオーバーラップしない）のものを、#3（ナンバースリー）と呼び、それより大きい（メインセールにオーバーラップする）ものは、ジェノア（Genoa）と呼ばれる。#3ジブは、レギュラージブ、あるいはワーキングジブとも呼ばれているが、実際にはレギュラージブ

を使うよりもジェノアを使うコンディションの方が多い。

「どこが"レギュラー"なのか？」と思われるかもしれないが、そういう"しきたり"になっているのだ。

ジェノアの最大サイズは140〜150％だが、ルールでの細かい決まりがあり、当然、大きなセールを搭載していれば、それだけハンディキャップは不利になる。

これら110％以上のジブは、ルールで搭載できる数が決められている。船が大きくなるほど、数多くのセールを搭載できるようになっている。

サイズ的に、一番大きいものは＃1（ナンバーワン）。＃3との中間のサイズは＃2（ナンバーツー）と呼ばれる。

さらに、同じ＃1でもクロスの厚みやセールシェイプの違いによって、軽風向けの「ライト」、強風向けの「ヘビー」、さらにその中間の「ミディアム」がある。

モデル艇、ヤマハ33Sの場合、IMSのルールでは110％以上の大きいジブは3枚まで搭載が許される。そこで、以下のようなセールの搭載パターンが考えられる。

○＃1ライト ⎫
○＃1ミディアム ⎬ 110％以上
○＃1ヘビー ⎭
○＃3 ⎫ 110％未満
○ストーム ⎭

30ftクラスになると、110％以上の大きいジブは2枚になるので、ライトとミディアムの2つを兼ね備えた「ミディアム／ライト」、ミディアムとヘビーを合わせた「ミディアム／ヘビー」などと多彩なセールがラインナップされている。

このあたりの呼び名は複雑で、おまけに最近はジェノアを持たない「ノンオーバーラップ艇」（第2章参照）も出

クリューからラフへの垂線の長さをLPという。J（ヘッドステイの付け根からマスト前面までの長さ）に対するLPの長さのパーセンテージでジブのサイズを表している。

＃1ライトジェノア。同じ＃1でも、ヘビーと比べるとドラフトは深く、よりパワフル。軽いクロスを使っているので、風速が上がってきた時に無理して使い続けるとセールは傷んでしまう

＃3ジブ。フットが短く、メインセールへのオーバーラップがないのが分かる。ラフの長さは＃1と変わらない（フルホイスト）、いわゆるブレードジブ。リーチにはバテンが入っているのがわかる

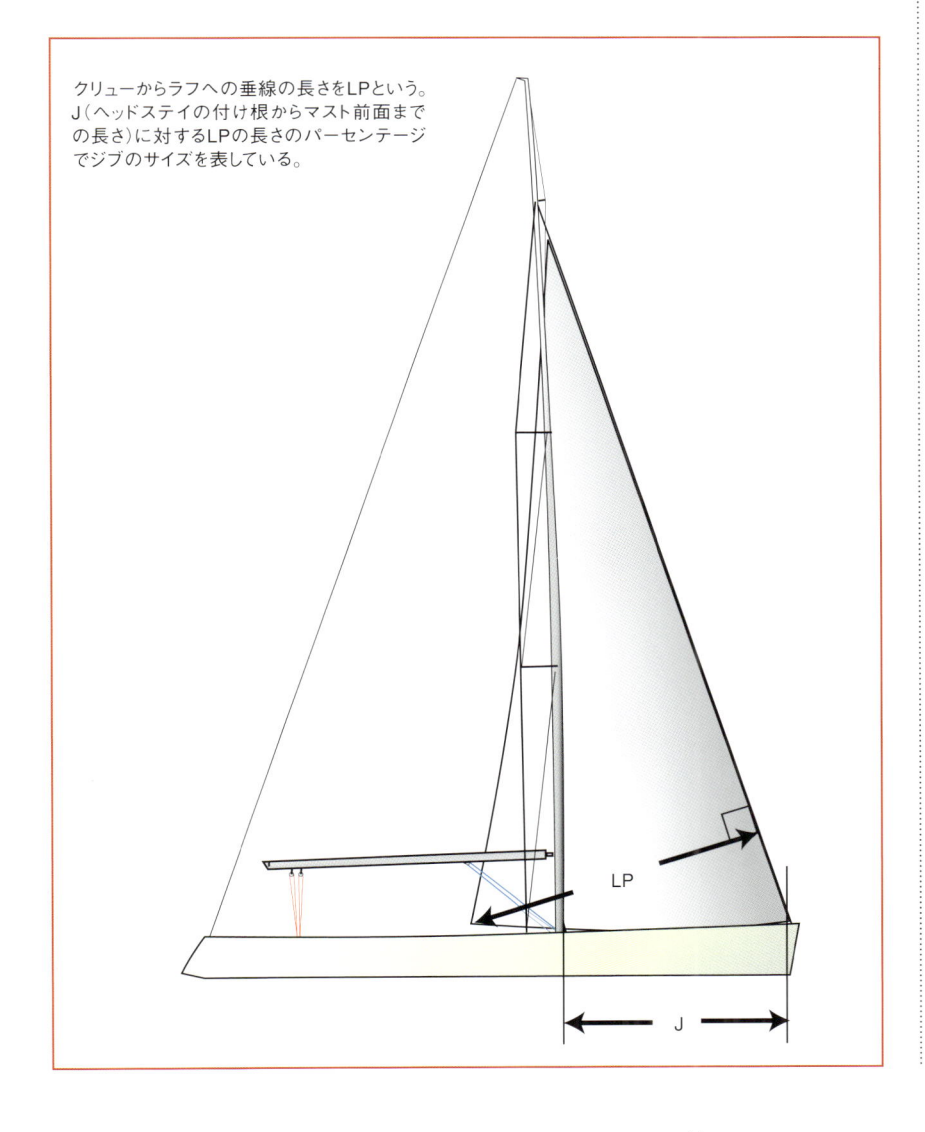

てきている。こうした船では、軽風用のセールから順番に、コード1、コード2、コード3と呼び分ける場合もある。それぞれ、より軽風向け、より強風向けというようなニュアンスだと思っておけばいいだろう。

#2を用いるコンディションは意外と少ない。搭載枚数の制限があるので、#2は積まずに、#1ヘビーで走れなくなったら、#3にしてしまうことが多い。

その日のコンディションに合わせて、どう考えても微風にはならないと踏めばライトを降ろして#2を積む、というように出航前にチョイスするのが良いだろう。グランプリレースでは、サポート艇が海上までセールを運び、スタート直前に積み替えることもある。

110%未満のセールでは、#3より強風向けの#4、特殊な例では、#5もある。ストーム用ジブの搭載を義務化しているクラスも多い。

最も小さいセール「ストームジブ」のサイズは、安全上の理由からルールで決まっていることが多い。ストームジブを揚げるような状況では、セールトリムでスピードを云々というよりも、無事に帰着するのが目的の「サバイバルモード」になることが多い。

ホイスト

ピークからタックまでの長さ、つまりラフの長さをホイスト（Hoist）と呼ぶ。

通常のジブはラフの長さがヘッドステイとほぼ同じ、すなわちフルホイストになる。セールのピーク部は、Iポイントの真下まで揚げられる。

しかし、エリアの小さなセールでは、これがヘッドステイの途中までしかないものもある。セール自体にペナント（Pennant、Pendant）と呼ばれる長いワイヤーが付いてピーク部を延長しているものが多い。

対して、最近のレース艇で用いる#3ジブは、セール効率からフルホイストでフットの長さだけを短くしたものが主流になっている。

細長く刃物のような形状になるので、ブレードジブ（Blade-Jib）とも呼ばれている。伸びの少ない新素材と構造の探求のたまものといえるだろう。

各部の名称

ラフ

ジブの前縁をラフと呼ぶ。ジブのラフはヘッドステイに沿って展開する。

クルージング艇では、ラフにハンクスと呼ばれるフックが付いていて、カーテンレールのようにヘッドステイに留めるようになっているものが多い。

レース艇では空気の流れやジブ交換時の無駄を省くため、ヘッドフォイルにセールのボルトロープを直接入れるという形式が多い。

レース用のヘッドフォイルは軽量な「タフラフ」という商品のシェアが圧倒的だ。前後にずれたグルーブが2本あり、ジブチェンジの際に一旦セールを降ろすことなく、次のセールを揚げてから古いセールを降ろせるので、スピードのロスを最小限に抑えるようになっている。

ラフが付くヘッドステイには、たわみが出る。これをサギングといい、サギングの量は、ジブのシェイプに大きく影響をおよぼす。

マストがベンドするとメインのドラフトは浅くなるが、ヘッドステイがサギングするとジブのドラフトは深くなる。マストの曲がりと逆方向になるのでマストとは逆に作用するわけだ。

ジブのラフカーブは、当然ながらヘッドステイのサギング量を考えて設計されている。リグのタイプによってサギング量も変わってくるので、セールのラフカーブもそれに合わせる必要があ

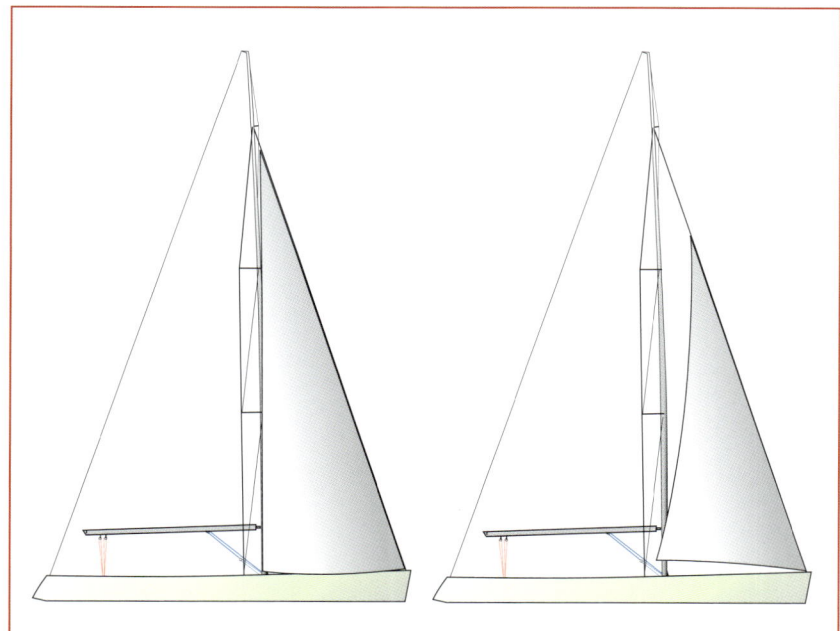

左はラフの長さが長いフルホイストの#3。右はホイストが短いもので、#4やクルージングタイプのワーキングジブもこのようになっているものがある。
この違いによりサギングの影響が変わってくるので注意が必要だ。
フルホイストでない場合、ハリヤードを直接セールに取り付けるとウインチやクリートに当たる部分が異なるなどの不具合がある。そこで、セール側にペナントと呼ばれるワイヤー、あるいはラフテープが延長されて付いているものが多い。

るということだ。

また、微風用のジブと強風用のジブでも変わってくるわけで、メインセールと異なりマイナスカーブ（ホローカーブ）が入っている場合もある。

タック

ラフとフットの交点がタックだ。

タックには、それ自体にシャックルがついていて船側のアイに付けるもの、タックにはリングのみで船側にシャックルが付いているもの、あるいはセール側のリングをホーンにかけるものなどの種類がある。

この場合のシャックルは、セールチェンジの時に簡単にできるようにオープンスナップタイプのものが使われる。

セールチェンジを考えて、ヘッドフォイルの左のグルーブを使ったら左のシャックルまたはアイの左側を、右のグルーブなら右を使う。

また、タック部分の高さが変わるとジブシートのリードも変わる。リード角を変えるために、ここにシャックルを追加することもある。

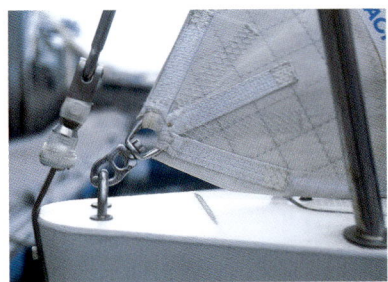

ヤマハ33Sのジブタックはセール側にシャックルが付いている。写真のシャックルは片手で外すことができるタイプ。前方に見えるのがヘッドステイの付け根

リーチ

セールの後縁をリーチと呼ぶ。オーバーラップのあるジェノアの場合、タッキング時にはセールはサイドステイやマストをかわして反対舷に移動することになる。そのため、リーチにはバテン

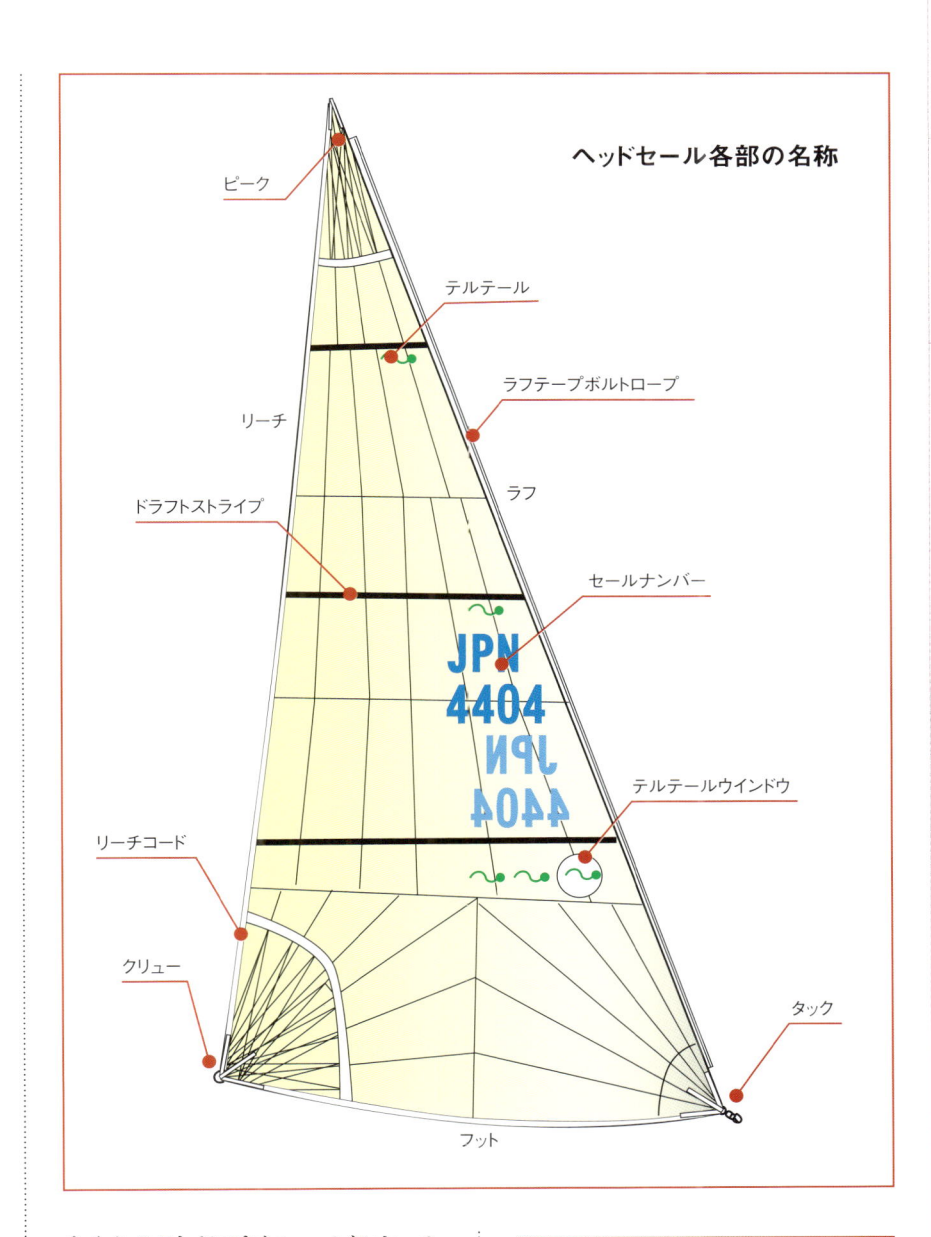

ヘッドセール各部の名称

ピーク、テルテール、ラフテープボルトロープ、リーチ、ラフ、ドラフトストライプ、セールナンバー、リーチコード、テルテールウインドウ、クリュー、タック、フット

を入れることができない。メインセールのようにリーチにローチ（膨らみ）を付けることはできないわけだ。逆にリーチがばたつかないようにするためには、リーチにもホローカーブが必要になる。

オーバーラップのないジブの場合は、タッキング時にマストに当たるわけではないので、メインセール同様バテン付きのセールも多い。

とはいえ、メインセールと異なり、ダウンウインドではセールを降ろし、あるいはキャビン内にしまい込んだりするので、この際、バテンを折らないように注意しよう。スペアのバテンも必要だ。

リーチコード、フットコード

メインセール同様、リーチのバタつきを抑えるためにリーチコードが付く。また、フットにもバタつきを抑えるためのフットコードが付く。

リーチコード及びフットコードのクリートはクリュー側に付いていて、ヘッドセールトリマーが調整しやすいようになっている。

リーチやフットがばたつく時はリーチコード、フットコードを引いてバタ付きをなくす。あるいは、ばたつかない程度にリーチコードを緩める。

ピーク

　ラフとリーチの交点がピークだ。ヘッドとも呼ばれる。ここにハリヤードが付いて上方へ引き上げられる。

　ハリヤードの引き加減で、ラフのテンションが変わってくる。ピーク、クリュー、タック、各ポイントには、補強のためのパッチが当たっている。それだけ力がかかる部分だということだ。

ピーク（ヘッド）にはハリヤードを付けて上に引き揚げる。ラフのボルトロープはタフラフのグルーブに入れる

タフラフの下端の金具がフィーダー。その下にもう一つプレフィーダーが付く。セールに張ってある四角いものは計測のスタンプ

クリュー

　リーチとフットの交点がクリューだ。クリューの位置（高さ）によってもジブの使い勝手は違ってくるが、クローズホールド用のジブは総じてクリューの高さが低い。

　クリューにはジブシートが付く。

　ジブシートは舫い結び、あるいは専用のスナップシャックルで取り付ける。舫い結びよりもシャックルの方がタッキングの際に引っかかりにくい。また、セールチェンジの際にも素早く対応できる。ただしタッキング中にスナップが開いてしまうというトラブルもあるので、メインテナンスは確実にしよう。

ヤマハ33Sのクリューはステンレスのリングが縫いつけてあり、スナップシャックルを留めやすい。上に見えるのはリーチコード用のクリートの裏側

テルテール、テルテールウインドウ

　目には見えにくい風の流れを、目に見えるようにしてくれるのがテルテールだ。

　ヘッドセールのラフの右舷側には緑か青、左舷側には赤のリボンが付く。セール上部と下部の違いも分かるよう、上下3カ所ほどに配置される。

　テルテールのなびき方によって、風がきちんと流れているか否かを知ることができ、裏風が入る前、ストールする前に対処することができるというわけだ。ヘッドセールのトリムやヘルムのための大きな指針となる。

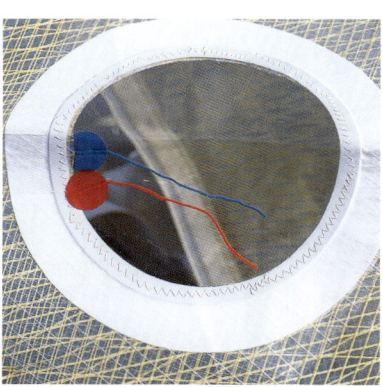

テルテールウインドウとそこに貼り付けられたテルテール。赤はポート（左）側。青はスターボード（右）側だ。テルテールの動きによって、目に見えない風の流れを確認しよう

ジブファーラー

　クルージング艇では、ジブファーラーを装備しているケースも少なくない。ファーリングシステムも、それに用いるファーリングジェノアも、改良が続き高性能になってきている。しかし、それでもスピードの点ではレース用セールにはかなわない場合が多い。

　ファーラーの中には、ピーク側のドラムを下まで降ろし、レース時には通常のヘッドフォイルとして使うことができるものもある。そこで、普段はクルージング用のファーリングジェノアを、クラブレースの時にはファーリングジェノアを降ろしてレース用のセールを使っている艇も少なくない。セール購入にあたっては、セールメーカーに相談するのが良いだろう。

ドラフトストライプ

　メインセール同様、ドラフト量とドラフト位置が見やすいように、ドラフトストライプが入る。中心に1本、さらに上下1/4の部分に2本、計3本のラインが入るのが一般的だ。中心位置にマークがついて、ドラフトポジションのチェックをしやすくしているものもある。

　デジカメなどを活用し、記録を残しておくのにも便利だ。

セールナンバー

　レース艇のメインセールにはセールナンバーが付くが、ヘッドセールには110％以上のサイズのジェノアにだけセールナンバーが付く。オーバーラップしたセールが、メインセールのセールナンバーを隠してもいいようにという意味だ。＃1ヘビーか＃3かセール選択に迷った時、他艇がどちらを使っているかはセールナンバーの有無で遠目にも見分けがつく。

ソーセージバッグ

　セールクロスは紫外線に弱い。使わないセールは、畳んでソーセージバッグに入れよう。バラけず、収納や移動も楽になる。

　ラフを合わせて畳むようにすれば、セットも楽になる。バテン入りのセールをそのまま畳む時はバテンを折らないように注意する。長く使わない時は、バテンを抜いてから畳む。

　ただし、ソーセージバッグは紫外線を完全には遮らない。長時間日なたに放置しないように注意したい。とにかく、セールクロスは紫外線に弱いと考えよう。

セールは2人で畳むと楽。セットするときを考えてラフを揃えて畳む。ただしバテン入りのセールでは注意しよう。ドラフトストライプも見える

セールを畳んだらソーセージバッグに入れる。ファスナーは前に引ききれば前後どちらからでも割り開くことができるようになっている。バッグにはセールの種類が大きく記されている

スピネーカーとヘッドセール

　ISAFのルールブック（RRS）によれば、ルール50.4でヘッドセールとスピネーカーは厳格に区別されている。ここでは、「ミッドガースがフットの長さの50％を越えず……」がヘッドセールとなっている。

　ミッドガースというのは、セール中間部分の横幅のこと。ここがフットの長さの半分というのは、簡単にいえば三角形のセールであるということ。これが「ヘッドセール」であり、セールの真ん中部分がより膨らんでいるスピネーカーは別物になる。

　一方、IMSのルールではジブやスピネーカーを含めてそれらを「ヘッドセール」と定義している。ヨット用語辞典『The Sailing Dictionary』でも、マストの前に展開するセールはすべてヘッドセールであるとし、そのうちの1つとしてスピネーカーが出てくる。

　IMSでは「ジェノア」という言葉は出てこないようで、110％以上のセールは「大きいジブ（Large jibs）」。それ以下のものは「小さいジブ（Small jibs）」と呼ばせている。

　さらに、J/24クラスのルールによれば、小さい方は「ジブ」、大きいものは「ジェノア」、スピンはそのまま「スピネーカー」で、ヘッドセールという言葉は出てこない。ISAFルールでいう「ヘッドセール」と言い表したい部分は「ジブまたはジェノア」と2つをあわせて呼んでいる。この2枚しか搭載が許されていないということもあって、これで足りてしまっている。

　実際に現場ではどうしているかというと、これまたちょっといい加減である。コードゼロと呼ばれるジブとスピンとの中間的なリーチング用のセールなども開発され、これらを厳格に区別するのに苦労しているのも実情だ。

　つまり、このあたりの用語の定義は複雑にして普遍にあらず、ということだ。

ヘッドセールの
コントロールライン

次に、ヘッドセールのコントロールラインについて見ていこう。ヘッドセールトリムの要素は、メインセールのそれと同じだ。

もういちど、セールトリムの3要素をおさらいしておこう。

トリムの要素は、以下の3つだ。
○アタックアングル
○シェイプ（ドラフト量とドラフト位置）
○ツイスト

これはメインでもジブのトリムでも同じだ（図）。

アタックアングルは、シーティングアングルと関係してくる。しかしクローズホールドでは、シーティングアングルはそのままで、ヘディングを変えることでアタックアングルを変える場合もある。つまり、アタックアングルは、シーティングアングルと船のヘディングによって決まってくるということだ。

ヘッドセールのシーティングアングルはメインセールと異なり、引き込み角度が限られているという特徴を持つ。

ドラフト量およびドラフト位置は、コード長に対するパーセンテージで表す。
ドラフト量と位置が変わると、エントリーアングルも変わってくる。

逆に、風向が変わっても、それに合わせてヘディングを変えていくことで、シーティングアングルはそのままでもアタックアングルを一定に保つことができる

しかも、ブームがないので、シーティングアングルを直接調節するのが難しいという面もある。

また、セールにはツイストが必要であるというのは第1章で解説したが、セールがツイストしているということは、シーティングアングルはセール上部にいくにつれて広くなっていくということでもある。見かけの風は、セール上部にいくにつれて後ろへ回る傾向にある、というのも第1章で述べた。

つまり、セールをツイストさせる目的の一つは、セールの上でも下でもアタックアングルを同じに保つためという意味もある。

ここでいうアタックアングルというのは、見かけの風とセールのコード（基線）の成す角度だ。実際にセールが風と出合うラフの部分の形状を、エントリーという。

同じアタックアングルでも、ドラフト量が多く、深いシェイプの場合はエントリーも丸く（深く）なる。ドラフト位置が前に来れば、さらにエントリーは丸くなる。逆に浅くドラフト位置が後ろにあれば、エントリーも浅くシャープになる。

ドラフト量が多くなるほどセールにはパワーが出てくるが、その分、上り角度は稼げない。逆にドラフト量が少ない（つまり浅い）セールは、角度は稼げるがパワーはない。すなわちスピードは出ない。

シャープなエントリーをもたせれば角度は稼げるが、その分ヘルムの許容範囲（グルーブという）が狭くなる。エントリーを丸くすることによってグルーブは広くなるが、その分、上り角度は悪くなる。

特に、真っ先に風と接するヘッドセールのエントリー形状は、重要な意味を持つ。

詳しくは次の「第6章クローズホールド」でも解説していくとして、以上のことを念頭において、それらのシェイプ

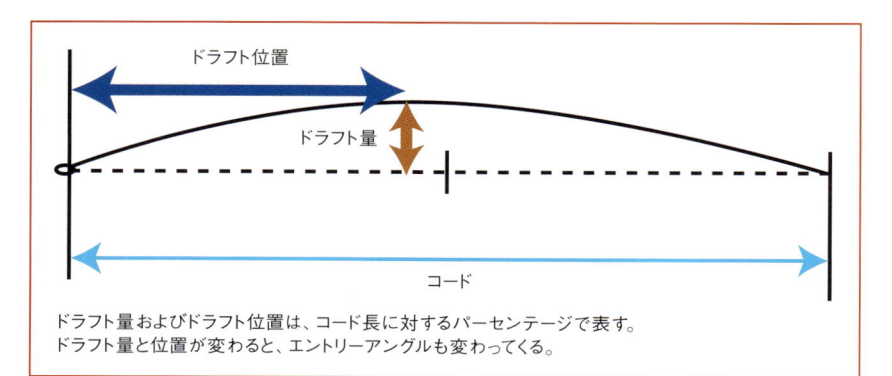

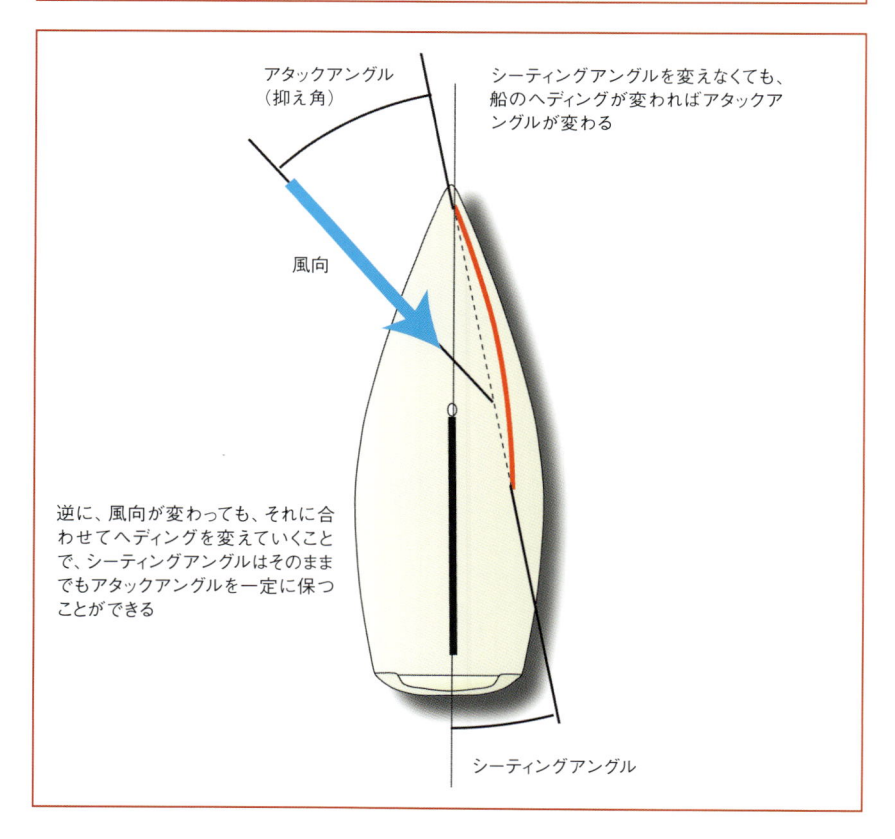

ジブシートを引くとリーチは閉じる

スプレッダーとの間隔を目安にしよう

を実現するにはどのような操作をしたらいいのか、という部分を説明してみよう。

ジブシート

ヘッドセールトリムの主役はジブシートだ。ジブのクリューから直接シートを取り、ジブシートリーダーを通ってウインチで引かれる。

メインセールとの違いは、ジブにはブームがないことだ。

メインセールにはブームがあり、ブームが上に跳ね上がらないようにブームバングを利かせることで、メインシートを出せばその分シーティングアングルが増していった。

しかし、ブームを持たないヘッドセールでは、シートを出しただけでは単純にシーティングアングルをコントロールすることができないのだ。

ジブシートのトリムによって、ヘッドセールの形状はメインセールより複雑に変化する。分かりにくいので、一つ一つ分けて考えていこう。

第1は、シーティングアングルの調節である。

メインシート同様、ベア（風下に回頭）したらシートを出してシーティングアングルを広くする。ラフ（風上に回頭）したらシートを引き込んでシーティングアングルを狭くし、風に対して適正なアタックアングルを維持する。これが、ヨット入門書にも書いてあるセールトリムの基本だ。

ところが、レースではランニングの時にはスピネーカーを使うことになる。ジブの役割はほとんど風上に向かう時（クローズホールド）に発揮されるというわけだ。

クローズホールドでは、できる限り風上に向かって走りたい。だから、アタックアングルは船のヘディングを変えることで調節している。シーティングアングルを変えて調節することはあまりないといえる。

となると、クローズホールド時のジブシートは、シーティングアングルというよりも、ジブのリーチテンションを調節するものと考えた方が分かりやすい。

ジブシートを引くことによって、ジブのリーチは閉じる。つまり、ツイスト量は減る。これはドラフト量を増やすことにもなり、ドラフト位置は後ろへ移動していく。

逆に、ジブシートを出すとジブのリーチは開き、ツイスト量は増えていく。ツイストが大きくなって初めて、シーティングアングルが広がる。つまりセールが出ていくということになる。

レースボートでのジブシートは、シーティングアングルの調節ではなく、リーチテンションの調節をするものと考えよう。

リーチテンションとは、セールのツイスト量であり、リーチの開き具合という意味でもある。

リーチの開き具合は、スプレッダーとセール（のリーチ部分）との間隔で把握しよう。もちろん、リーチがスプレッダーに当たってしまったら、それ以上引き込むことはできない。

開き具合の目安として、スプレッダーにマーキングしておくとよい。5センチ間隔くらいに3本ほどビニールテープでマークを入れ、その距離と、実際にセールとスプレッダーとの間隔を比較すると、その距離感（リーチの開き具合）がつかみやすくなる。

セールトリムは再現性が重要だ。感覚ではなく、線1本分とか、2本分開いたというように、数値で記録を残しておこう。

ジブシートは、ごく僅かの出し入れでセールのシェイプが大きく変わる。走りにも大いに影響する。また、この後に述べるその他の要素によっても、シートに関わるテンションが変化する。したがって、他のコントロールラインを調整すると、ジブシートも調整し直さなくてはならないということだ。

ジブシートはヘッドセールトリムの主役だ。常にトリムし続け、スピードアップに繋げたい。

ジブシート・リーダー

ジブシートのリード位置を調節するため、レール（ジブトラック）にブロックの付いたカーが通っている（写真）。

これがジブシート・リーダー、あるいはフェアリーダーだ。

フェアリードとはロープ類を正しい角度にリードする装置全般をいい、係留用の艤装にも用いられる。ここではジブシートのリーディング角度を調節するジブ・フェアリーダーということになる。

ジブシートが通ったカーはレールの上を前後に移動し、これでジブシートのリード位置を調整できる。

ヘッドセールは、大きさもクリューポジションも異なる何枚ものセールを使うので、セールごとにそのリード位置も変わってくる。オーバーラップのない#3以下の小さなセール用に、レールが別に付いている艇もある。

さらには、同じセールでもコンディションによってリード位置を変え、セールシェイプを変化させるという使い方もする。

リード位置を前に移動させると、ヘッドセール下部のドラフト量は増す。これはちょうど、メインセールのアウトホールを緩めたような状態になると思えばいい。

ただし、メインセールのようにブームがないので、リーディング位置を変えることによってリーチのテンションも変わってくる。

カーを前に移動すると、フットが丸くなる代わりにリーチにテンションが入る。つまりツイスト量は減り、ドラフト位置は後ろに移動する。同じリーチテンションを保つためには、ジブシートは少し緩める必要がある。

逆に、リード位置を後ろに移動させると、フット側にテンションが入り、セール下部のドラフト量が減り、その分リーチのテンションが減るのでツイスト量は増える。同じリーチテンションを保つためには、ジブシートは少し引く必要がある。

ジブシートのテンションと合わせて、ジブのドラフトとツイストを自在に変化させよう。

カーの位置は、テークルによって簡単に調節できるようになっている。しかしクルージングタイプの艇では、カーの移動が簡単にはできないようになっている艤装もある。この場合は、風上側の力がかかっていない方のカーを調整してからタッキングするという作業になる。レースで使うなら、スムースにカーを移動させることができるようにシーティングされていることが望ましい。

> ジブカーを前にするとフット側は深くなる
> ジブカーを後ろに下げるとフットは浅くなる

ジブトラックに付いたカーはテークルで前に引かれる。後ろ方向へはシート自体のテンションで引っ張られているが、テンションがかかっていない時に暴れないようにショックコード（ゴム）で押さえておく。ジブトラックへは目盛りをつけて目印にしよう

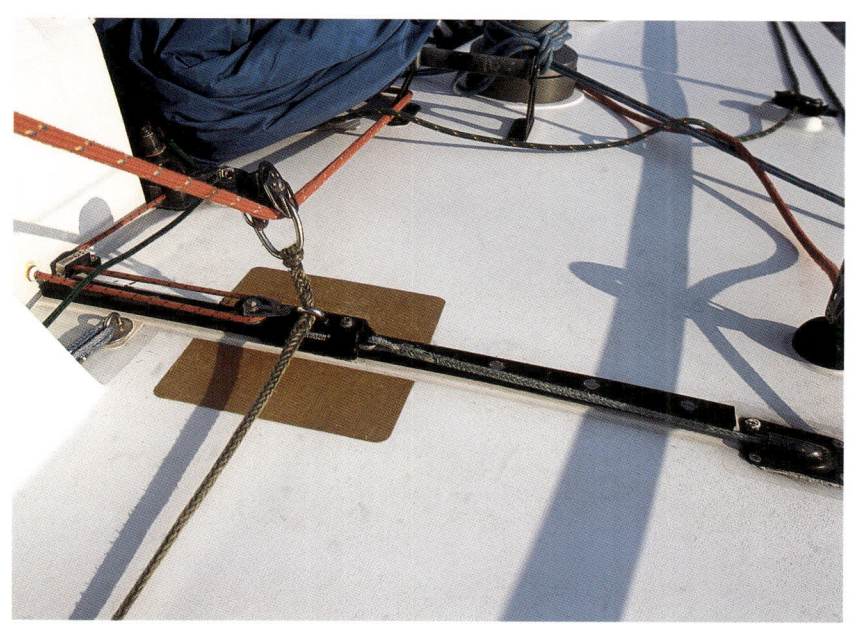

こちらは横方向にレールが付いたタイプ。前後方向のリーディング位置は、写真手前方向にリードされている黒っぽいロープの出し入れで行う（下図参照）。横方向の調整範囲は広くなるが、左右のタックでカーの位置を合わせるということができないので、再現性が悪くなる。どちらがいいのかは微妙なところだ

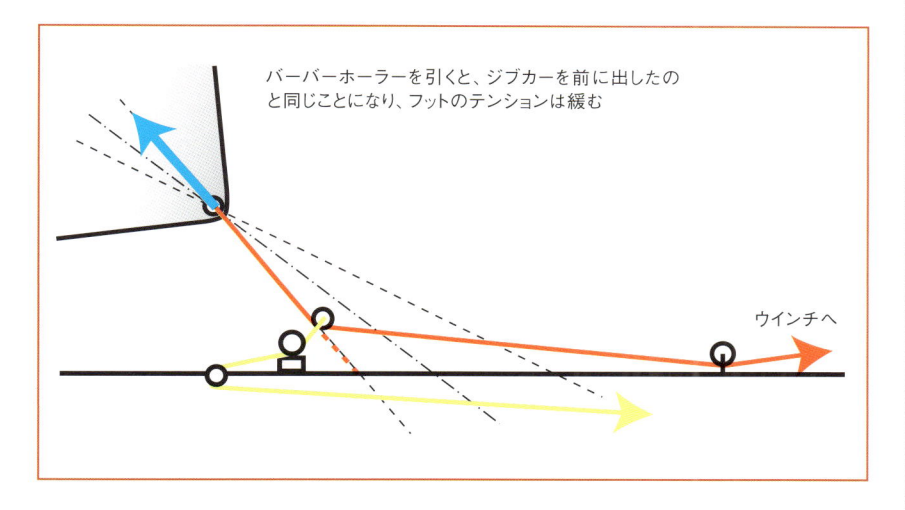

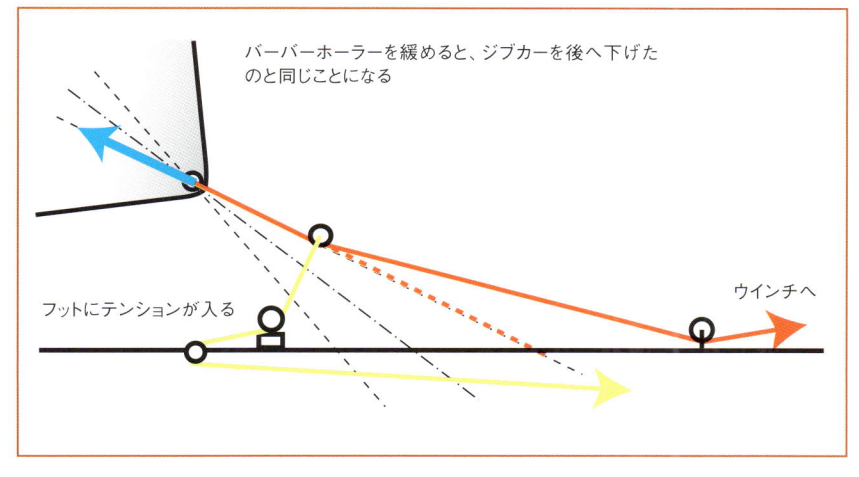

バーバーホーラーを引くと、ジブカーを前に出したのと同じことになり、フットのテンションは緩む

ウインチへ

バーバーホーラーを緩めると、ジブカーを後へ下げたのと同じことになる

フットにテンションが入る

ウインチへ

バーバーホーラー

　通常、ジブリーダーのレールは前後方向に付いているが、これが横方向にセットされているものもある。

　前後方向にトラックを付ける場合、デッキ形状によって取り付け位置が決まってくる。コーチルーフの幅はルールである程度決まっており、それに沿わせて設置するしかないからだ。そのため、ジブシートのリーディングアングルには限界がある。

　そこで、トラックを横方向に置けば、コーチルーフ後端をわずかに切り欠くだけで済むというわけだ。その分、タイトなシーティングアングルに設定でき、上り角度の向上が期待できる。

　最新のグランプリレーサーでは、ジブのシーティングアングルは最大6度にも達しており、ジブリーダーにもこうした工夫が必要になる。

　もちろん、シーティングアングルをタイトにすればするほど上り性能が良くなるというのではないが、コンディションによってはこのくらい引き込みたくなるということだ。

　縦方向の調節はターニングブロックに付いているロープの長さを調節することによって行う（イラスト）。カーの移動によって、横方向への調節も広い範囲で行えるようになっている。

　レールの長さが短くて済むので軽量化できるというメリットもあるが、微妙な調整を左右両舷で再現するのが難しいなどのデメリットもある。

　このリーディング位置を調整するための装置を、バーバーホーラーと呼んでいる。

　また、通常の前後方向のレールを用いたタイプでも、さらに内側へ別のブロックで引くものもある。これもバーバーホーラーと呼ばれるので混同しないように。こちらは、特に軽風で波のない海面で用いるものだ。

ヘッドステイのサギング

ヘッドステイの弛みを、サギングという。マストのベンドがメインセールのドラフト量に大きく影響するのと同様、ヘッドステイがサギングすることによって、ヘッドセールのドラフト量、ドラフト位置は大きく変化する。

簡単にいえば、以下のようになる。
- サギング大：ドラフト量増加＆ドラフト位置が前に移動＝エントリー丸く
- サギング小：ドラフト量減少＆ドラフト位置が後ろに移動＝エントリー浅く

ヘッドセールのギアチェンジ（パワーアップか上り角度かの切り替え）に、最も大きな影響を与えるのが、このサギング量なのだ。

まったく風が入っていない状態でも、ヘッドステイはそれ自身の重さとセールの重さで、下方向へサギングしている。風が入ればサギングは風下側へ。さらに風が強くなれば、サギング量は増える。また、ジブシートのテンションが高くなれば、それに引っ張られてサギング量も多くなる。こうした外因で生じるサギングを、常に適正に保つ必要があるということだ。

ヘッドステイのサギングによってヘッドセールのシェイプは大きく変わる。セールパワーのコントロール＝サギング量の調整、と考えよう

サギング量の調整

サギング量の調整——つまりヘッドステイのテンション調整は、リグの種類によって違ってくる。

ランナー付きの艇なら、ランナーとチェックステイのテンションを調節することでサギング量が調整できる。

ランナーを引けばマストはベンドし、ヘッドステイのテンションも上がる。ここで、チェックステイを適度に利かせることによって、マストのベンドを抑えつつヘッドステイのテンションを自由に調節できるようになる。

このようにランナー付きのリグは、ヘッドステイ・テンションの調整範囲が広く、タッキングやジャイビング時の操作の煩雑さを差し引いてもレース艇に好まれてきた。

マストヘッドリグ艇ならバックステイがランナーに、ランナーがチェックステイの役割をする。

ランナーのない中間リグ艇では、バックステイでコントロールすることになる。リグ全体の固さも重要だ。このあ

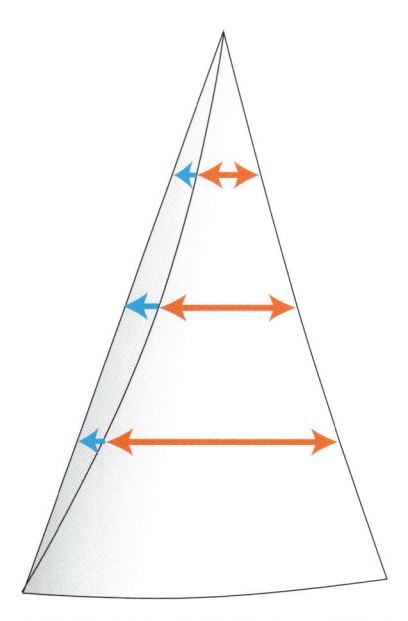

サギングによるシェイプの変化は、コード長に対するサギング量で違ってくる。セール下部はコード長のわりにサギングによる変化量が少ないのでドラフトの変化も少ない

たりの詳しいことは、第2章、第3章をもう一度参照されたい。

どの場合でも、サギング量そのものが重要ではなく、それにともなうセールシェイプが問題だ。それはセールそのもののラフカーブなどによって違ってくる。単に"強風時はサギング量を減らさなければならない"ということではなく、セールの設計に合わせたサギング量が必要であることに注意しよう。

セールの違いによるサギングの影響

シェイプの変化は、セールのコード長に対するサギングの量で変わってくる。

サギングの量は、当然ながらセールの中間付近で一番大きくなる。セール上部にいくにしたがってサギングの量は減っていくが、セールのコードも短くなっていくのでドラフト量もそれなりに変化していく。しかし下部はサギング量が減り、コードも長くなっていくので、ドラフト量の変化は小さくなっていく。

同様に、LPの長いセール、すなわち大きなセールほど、同じサギング量でもドラフトへの影響は少なくなる。

逆に、フットが短くフルホイストの#3ジブはサギングした時のドラフト変化が大きくなるということになる。

また、フルホイストではないジブの場合、セールのピークはヘッドステイの途中にある。つまり、サギングすると、ピーク位置が風下後方へずれることになる。これによってリーチは開きクリューの位置も変化する。また、サギングがセールカーブにおよぼす影響は、フルホイストセールに比べて少なくなる。

ランナー付きのリグでは、ランナーを引く＝サギングを減らすとIポイント（ヘッドステイとマストの接続部）は後ろへずれる。その分クリューの位置も変化する。つまり、リーディングアングルやジブシート・テンションにも影響してくるので注意しよう。

ラフのテンション

ヘッドステイがサギングすると、ジブは前の方からドラフトが深くなっていく。サギングによって余ったセールが深さとなって現れるからだ。つまり、ドラフトの中心は前に移動する。

逆に、ヘッドステイにテンションをかけてサギング量を減らすと、ドラフトは前の方から吸収されて浅くなっていく。つまりドラフト中心は後ろに移動する。

求める位置にドラフトを持っていくためには、ラフのテンションで調整することになる。
- ●ラフテンション大：ドラフトは前に移動
- ●ラフテンション小：ドラフトは後ろへ
……となる。

ここでいう「ラフのテンション」は、ヘッドステイのテンションとは異なる。「セールのラフのテンション」ということだ。

ヘッドステイのテンションを増減しても、ヘッドステイの長さは変わらない。したがって、テンションの増減によってサギング量が増減することになる。

対して、ジブのラフテンションは主にジブのハリヤードテンションの増減によるもので、セールのラフそのものを伸ばしたり緩めたりする。

これはつまり、ピークの位置が僅かながら上下に移動するということでもある。それにつれて、クリューの位置も上下に移動する。となると、ジブリードの位置も僅かながら変える必要がある。

ラフテンションを上げてドラフト位置が前に移動するということは、同じドラフト量でもエントリーが丸くなるということになる（下図）。

逆に、ドラフト位置が後ろへ移動するということは、エントリーが浅くなるということでもある。

特にヘッドセールのエントリー角は、上り性能に大きく影響してくる。サギング量とジブのラフテンションを調節し、コンディションにあったセールシェイプを作り出そう。

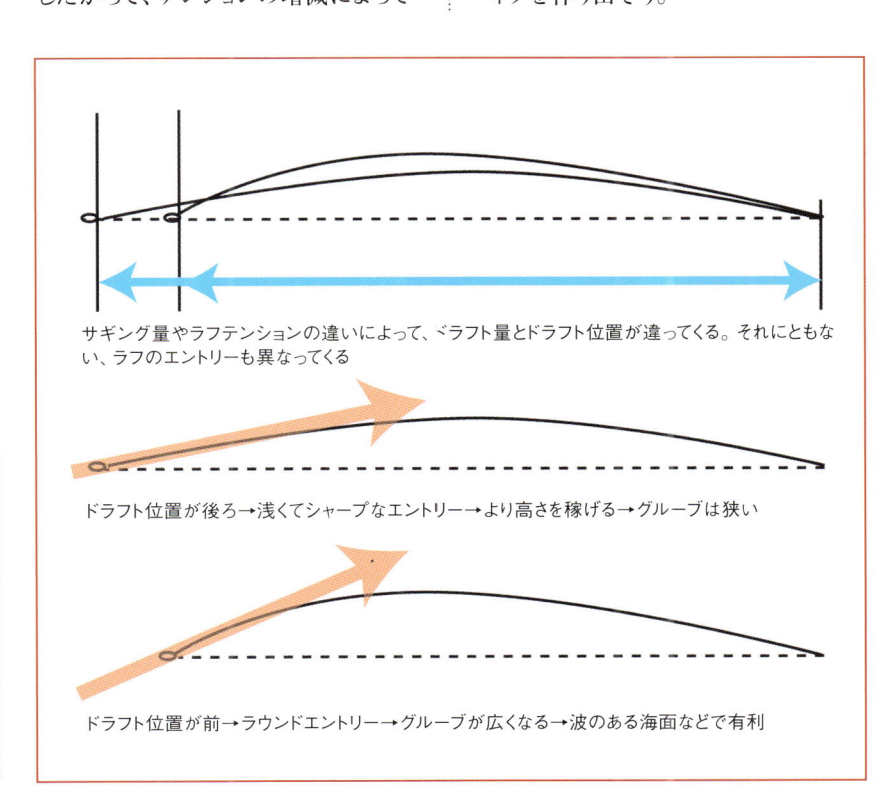

サギング量やラフテンションの違いによって、ドラフト量とドラフト位置が違ってくる。それにともない、ラフのエントリーも異なってくる

ドラフト位置が後ろ→浅くてシャープなエントリー→より高さを稼げる→グルーブは狭い

ドラフト位置が前→ラウンドエントリー→グルーブが広くなる→波のある海面などで有利

クローズホールド
CHAPTER 6

クローズホールドとは

これまで、各セールの違いとそれぞれのコントロールラインの操作方法について解説してきた。

ここからは、いよいよアップウインドでの具体的なセールトリムについて解説していきたい。

風上マークへ向かって走るアップウインドのレグでは、タッキングを繰り返しながらクローズホールドで走る。目指す風上マークは、ヘディング（船首方向）よりもさらに風上にある。したがって、ボートスピードのみならず「高さ」という要素が必要になってくるわけだ。

「高さ」とは、いうまでもなく風上に向かう高さ、つまり上り角度のことだ。

風上に向かって進む近代ヨットの醍醐味ともいえるのがこのクローズホールドであり、実際のヨットレースでは競うべき重要な要素となる。

スタートそのものも、クローズホールドの状態で行うのがほとんどである。そして風上マークへクローズホールドで向かう最初のアップウインド・レグは、ヨットレースにおける最も重要なステージといえる。

風向や風速の変化に合わせ、またそれをうまく利用して、いかに早く風上マークへ到達するか。ここには、多くの要素が入り交じっている。戦術や戦略を立てる際のベースとしても、ボートスピードと高さは非常に重要な要素となる。

高さか、スピードか

基本的に、風に対し、より高く上ろうとすればスピードは落ちる。逆に、落としてスピードをつければ、上り角度は犠牲になる。高さかスピードか、そこが問題になる。

この時、風上に進む速度成分をVMG（Velocity Made Good）と呼んでいる。VMGが最も大きくなる「高さ＆スピード」で走ることが、より早く風上マークへ到達する近道となる。

ところが、どのポイントがVMGマックスなのか、艇上では分かりにくいのも事実だ。それは風速によっても異なるので、余計にややこしい。しかし、そこがまたヨットレースの面白みでもあ

るわけだ。

　実際には、仲間やライバルと走り比べ、そのポイントを探していくことになる。あるいは、スピードメーターや風速計の付いている艇なら、風速（真風速）ごとにターゲット・ボートスピードという概念を用い、このVMGを追求するのも一般的に行われている。

　その場合でも、ターゲットスピードは他艇と走り比べて最適なものを導き出していかなければならないわけで、2ボートキャンペーンとか2ボートチューニングと呼ばれるものが必要になってくるのだ。

3つのモード

　ここで重要なのは、高さを稼ぐには、まずスピードがなければならないということだ。ボートスピードが増せば、見かけの風速も増す。キールやラダーから生じる揚力も増える。そこで高さを稼いでいく。

　まずボートスピード、そしてそのスピードを落とさないように高さを稼いでいく、という順番になる。

　また、戦術的に、多少スピードをロスしても高さを稼ぎたい場合がある。これをピンチモード（ポイントモード）と呼んでいる。逆に、多少の高さを犠牲にしてもスピードを稼いで前に出たい時もある。これをドライブモード（フットモード）と呼んでいる。

　ノーマルのVMGモード、ドライブモード、ピンチモード。クローズホールドにも、この3つのモードがあることをまず覚えておこう。

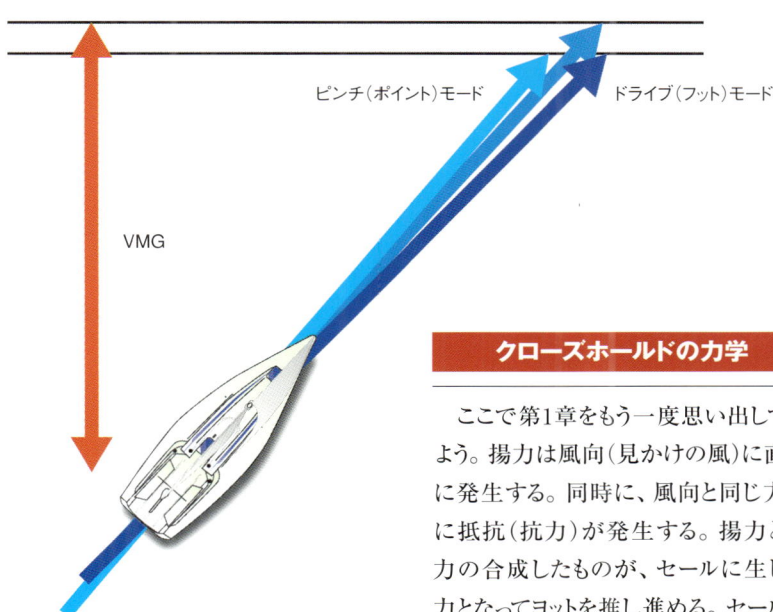

ピンチ（ポイント）モード　　ドライブ（フット）モード

VMG

高さを稼げばスピードは落ちる。落とせばスピードはつくが高さが犠牲になる。「スピードと高さ」、これがアップウインド・レグでの命題だ。最も高いVMGを目指して走ろう。このあたりがヨットレースの醍醐味でもある

クローズホールドの力学

　ここで第1章をもう一度思い出してみよう。揚力は風向（見かけの風）に直角に発生する。同時に、風向と同じ方向に抵抗（抗力）が発生する。揚力と抗力の合成したものが、セールに生じる力となってヨットを推し進める。セールがシバーしている状態、つまり揚力がゼロなら抵抗のみが生じ、船は風下へ向かって流されていくというわけだ。

　そして、セールに生じるこの力は、すべてが前進力になるわけではない。クローズホールドではその多くは横向きの力となり、主に船をヒールさせる力となってしまう。

　風上に上っていかなくてはならないクローズホールドでは、少ない抵抗でより大きな揚力を生み出し、セール力をより前により多く前進力に利用する必要があるのだ。

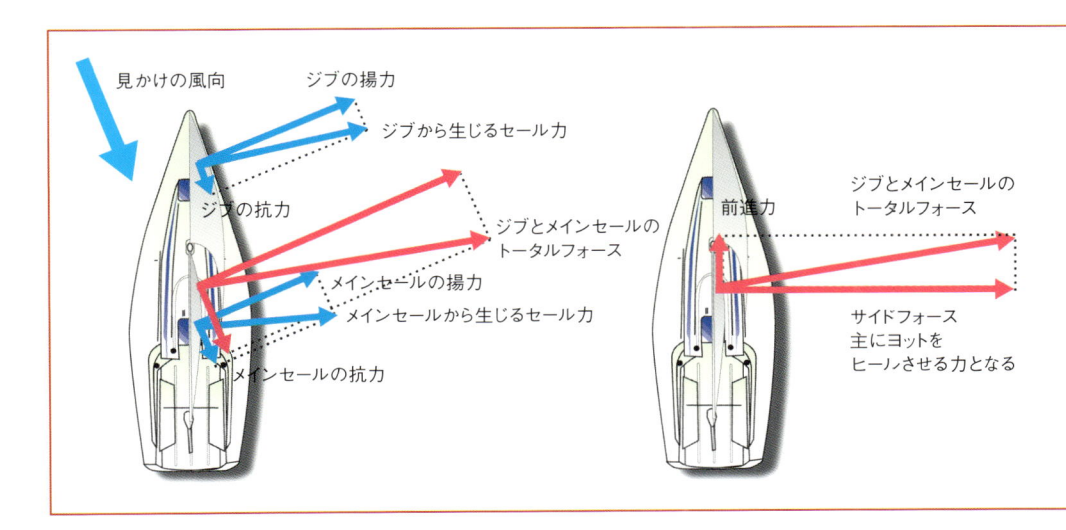

見かけの風向　ジブの揚力
ジブから生じるセール力
ジブの抗力
ジブとメインセールのトータルフォース
メインセールの揚力
メインセールから生じるセール力
メインセールの抗力

前進力
ジブとメインセールのトータルフォース
サイドフォース
主にヨットをヒールさせる力となる

左図から、揚力が同じなら抗力が少ない方が、セール力はより前に向かって働くことがわかる。

ジブとメインのトータルフォースは、右図のように前進力とサイドフォースに分かれる。クローズホールドでの前進力は、サイドフォースの1/5程度しかない。ここから、クローズホールドでは、ヒールを起こすことと、キールやラダーからの揚力が非常に重要な要素になることも分かる。

クローズホールドでの基本セッティング

　セールトリムの第1段階は、セールメーカーによってデザインされたシェイプを再現するということにある。

　セールメーカーでは、その船に合わせて、あるいは気象海象に合わせて、セールのシェイプ（ドラフト量とドラフト位置）を、想定されたシーティングアングル、ツイスト量を基にデザインし、製品にしている。セールトリムの基本は、そのデザイン通りにセールを展開することだ。

　これまで説明してきた各コントロールライン（メインシート、トラベラー、ブームバング、カニンガム、ジブシート、ジブシートリーダー、ジブハリヤード、バックステイなど）を操作して、基本のシェイプを再現しよう。

メインセール

　まずは、クローズホールドにおけるセールトリムの基本形から。風は中風（8～12ノット程度）。クルー全員が風上側のレール上に座っているようなコンディションだ。

　メインセールはブームをセンターラインまで引き込み、トップバテンがブームに平行になるくらいにツイスト量を調整する。これが基本形。メインシートでツイスト量を調整し、トラベラーを使ってブームがセンターライン上に来るようにする。

　「トップバテンがブームと平行」というのは、その付近のリーチがブームと平行という意味だ。つまり、フルバテンならバテンの後ろの方の平らな部分がブームと平行ということになる。

　メイントリマーの位置から見ると、リーチはかなり閉じているように見えるかもしれない。セールの後ろから、あるいはブームの真下から見上げるよう

トラベラーによってブームをセンターラインまで引き込む。リーチの開き（ツイスト量）は、メインシートの出し入れで調整する

ツイスト量の目安はトップバテンがブームと平行（＝センターラインと平行）。リーチリボンがきれいに流れているかもチェック

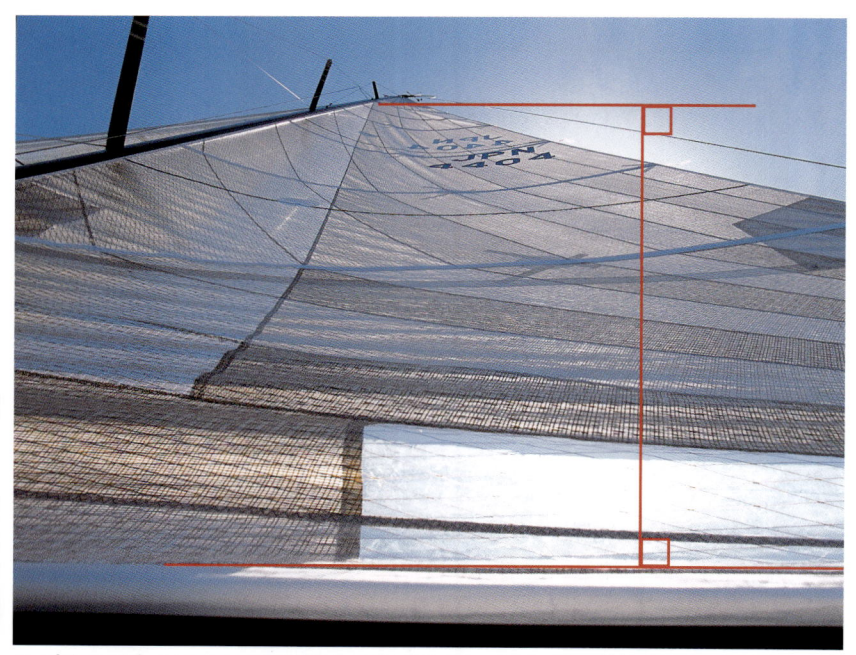

トップバテンはブームと平行にするのが基本。フルバテンのセールならバテンのリーチ側がブームと平行になるようにする

ジブのリーチはスプレッダーに当たる直前、フットはサイドステイに当たるところがマックストリム。これ以上は引き込めない

ジブリーダーの位置は、おおよそラフの長さの1/2の地点からクリューへの線の延長になる。これをおおまかな目安として、次にラフのテルテールで微調整していこう

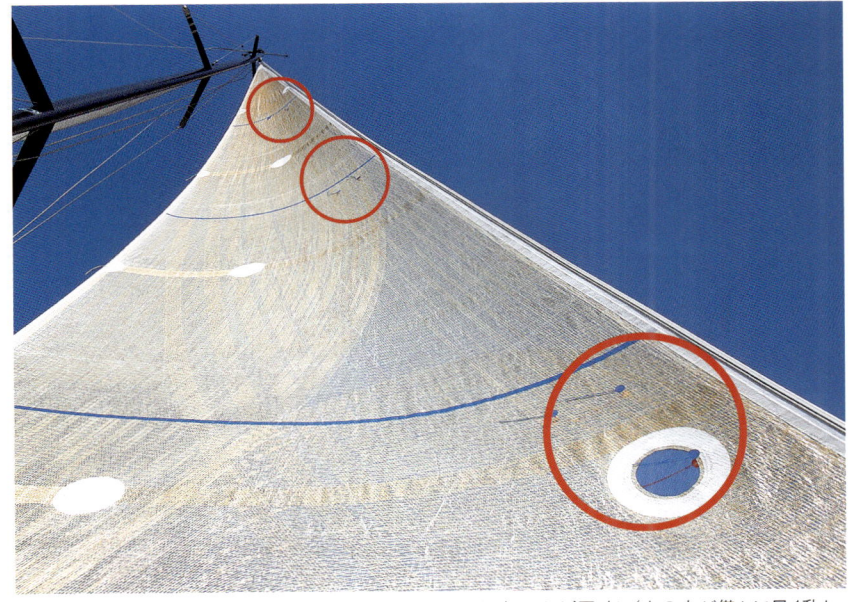

ジブラフのテルテールは上下何カ所かに付いている。ラフした時に、ほぼ同時に（上の方が僅かに早く乱れ、順次スムースに下へ）テルテールが乱れていくようにツイスト量をリーダー位置で調整する

にして見ると良く分かる。

この状態でリーチリボンがきれいに流れているかもチェック。トップのリボンはたまに乱れる程度になる。

ヘッドセール

メインとジブとの隙間をスロットという。スロットが一定に保たれるように、すなわち、ジブのリーチがメインセールの風下側のカーブと平行になるようセットしよう。

ジブシートリーダーは、ラフの長さの1/2の地点からクリューへの延長線上にあるのが大まかな目安になる。

この状態で、ジブのラフに付いているテルテールをチェックする。ラフした時に、風上側のテルテールが上から下までほぼ同時に——正確には上のテルテールが僅かに早く乱れ始めるような状態が、適正なツイストの基準となる。

ジブシートリーダーの位置を後ろに移動させることでツイスト量は増え、上のテルテールはより早く乱れ始めるようになり、逆にリーダーを前に移動させればツイストは減る。

ジブシートは、リーチがスプレッダーに接するギリギリまで引き込んだ状態がマックストリムとなる。

リーダー位置を変えたら、ジブシートのテンションも変わってくる。

たとえば、リーダー位置を後ろへずらせば、その分リーチのテンションは少なくなる。同じリーチテンションを保つためにはジブシートを引かなくてはならない。逆にリーダー位置を前に移動させたら、その分ジブシートを緩めないとリーチテンションが強すぎてしまう。

前章でも説明したが、なんらかのコントロールラインを調整するとジブシートに影響してくる。最後にジブシートの再調整を行おう。

アタックアングル

　セールトリムの3要素は、大きく分けるとアタックアングル、シェイプ、ツイストの3つであることは、これまで何度も述べてきた。

　船の向き（ヘディング）が一定ならば、アタックアングルはシーティングアングルを狭くする（セールを引き込む）と大きくなる。シーティングアングルを大きく取る（セールを出す）と、アタックアングルは小さくなる（P.46イラスト参照）。

　ところが、クローズホールドではトリマーがシーティングアングルを決め、アタックアングルは主にヘルムスマンが舵でヘディングを変え、上ったり（バウアップ）、落としたり（バウダウン）することで調整する。

　アタックアングルがゼロなら、セールはシバーしてしまう。まったく揚力は発生していない。風が当たる抵抗（抗力）のみとなるので、船は風下へ流されていく。

　アタックアングルを増やす（バウダウンする）ことによって、セールは風をはらみ揚力は増していく。

　アタックアングルを増やすほど揚力は増すが、同時に抵抗、すなわち抗力も増える。

　さらにアタックアングルを増やしていくと、最終的に風はセール風下側から剥離してしまい揚力は激減、抗力だけが増大していく。

　ヨットを効率よく風上に進めるためには、最適なアタックアングルを保たなければならないということになるが、その目安が、ジブのラフについているテルテールだ。

　テルテールは風上、風下の両側に付いている。風下側のテルテールが乱れているということは、風下側の風が剥離し失速してしまっているということになる。落としすぎ（アタックアングルが大きすぎる）ということだ。

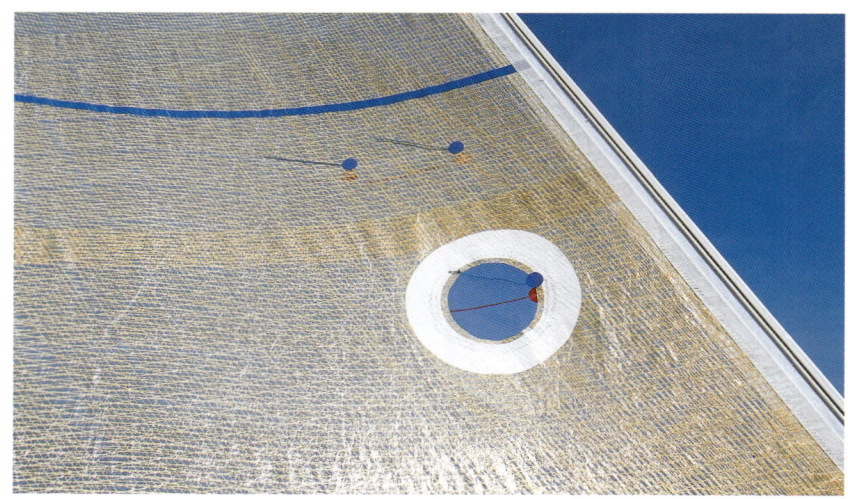

青いリボンが（現在の風上側に）やや跳ね上がる状態が標準のアタックアングルの目安。風下側のテルテールは常に流れているように

　アタックアングルを小さくする（上る）ことにより、風下側のテルテールは流れるようになる。風上側のテルテールも真っ直ぐなびいている状態が、そのトリムで最も落としている状態、つまり失速しない範囲でもっとも大きなアタックアングルでパワーを付けて走っている状態（ドライブモード）になる。

　アップウインドでは、より風上に上りたいわけだから、この状態からさらに上ってみると、アタックアングルは小さくなっていき、抗力は減る。風上側のテルテールがやや跳ね上がる程度が適正なアタックアングルで、先ほど説明したVMGモードと考えよう。

　さらに上り、風上のテルテールがめいっぱい跳ね上がる状態が、そのトリムでの上りいっぱい。つまり、ピンチモードだ。これより上らせると、いわゆる「裏風が入る」状態になり、最後はシバーしてしまう。

　同じクローズホールドでも、以上のような各モードがあり、これらのヘルムの許容範囲を「グルーブ」と呼んでいる。状況に合わせて走り分けよう。

リフトとヘッダー

　風向、風速は一定ではなく、常に変化を繰り返している。

　風上への風向の変化を「リフト」と呼んでいる。逆に風下側への風向の変

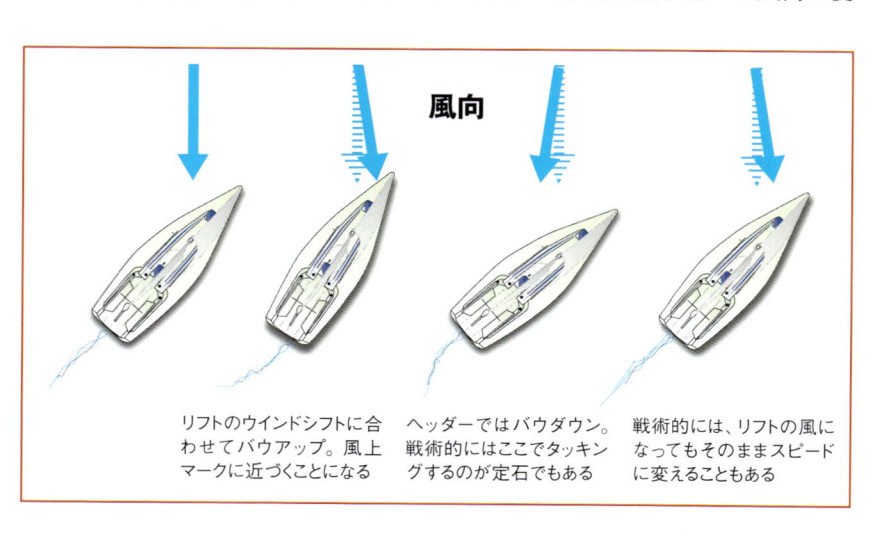

風向

リフトのウインドシフトに合わせてバウアップ。風上マークに近づくことになる

ヘッダーではバウダウン。戦術的にはここでタッキングするのが定石でもある

戦術的には、リフトの風になってもそのままスピードに変えることもある

化を「ヘッダー」と呼ぶ(左ページ図)。

リフトが入れば上らせ、ヘッダーが入ればその分落として対応する。ヘルムスマンはこうしてジブのテルテールを見ながら、最適なアタックアングルを保つように舵を切り、船のヘディングを調節している。

状況によっては、リフトの風が入った時にドライブモードで走ることもある。そのままのコースを維持し、リフトの風をスピードに変えているわけだ。

ヘッドセールとメインセールの関係

シーティングアングルとは、タックとクリューを結ぶ線と、船のセンターラインとの成す角度だ。

ブームがセンターラインと平行ということは、メインのシーティングアングルは0度ということになる。もちろんセールはツイストしているので、セール上部にいくにしたがってアングルは増していくわけだが。

一方、ジブのシーティングアングルはジブトラックの位置によってマックスの角度が決まってくる。レース艇で7～10度、クルージングボートでは20度近いものもある。サイドステイが邪魔しているから、これ以上は引き込めないのだ。

メインとジブでシーティングアングルが違っているが、これはどういうことなのか。

ポイントは「循環」である。

揚力が発生しているセールには、空気の循環が起きている。このため、風はセールにぶつかる前に方向を変えている。これをアップウォッシュという。ここまでは第1章で解説した。

飛行機の翼を想定してアップ(up：上方に)という表現になっているが、ヨットのセールでは横方向の変化となる。アップウォッシュにより、見かけの風がよりリフトする(風向が後ろに回る)ということだ。

メインとジブの2枚のセールがある場合、メインセールにはメインセールのアップウォッシュによってリフトした風が入り、ジブにはジブ自身のアップウォッシュに加え、メインセールのアップウォッシュによってさらにリフトした風が入ることになる。

つまり、ジブにはメインに当たる風よりも、よりリフトした風が入るということになる。となると、ジブのシーティングアングルは、メインよりも若干広く取れるということになる。

これが、最初の疑問の答えだ。

ジブのシーティングアングルが最大でも6～7度なのに対し、メインはセンターラインまで(シーティングアングル0度)、あるいは状況によってはメインはブームの幅一つ分ほど風上に引き込まれることもある。

逆に考えると、ジブのシーティングアングルのマックスは決まっているわけだから、メインセールのアップウォッシュがジブに及ぼす効果によって、同じシーティングアングルでもより上り角度が良くなるということでもある。

メインセール1枚だけのリグ(キャットリグ)よりも、メインとジブの2枚帆(スループリグ)の方が、より効率良くセールパワーを引き出せる。現在のレース艇のほとんどがスループ艇であるというのもうなずける。

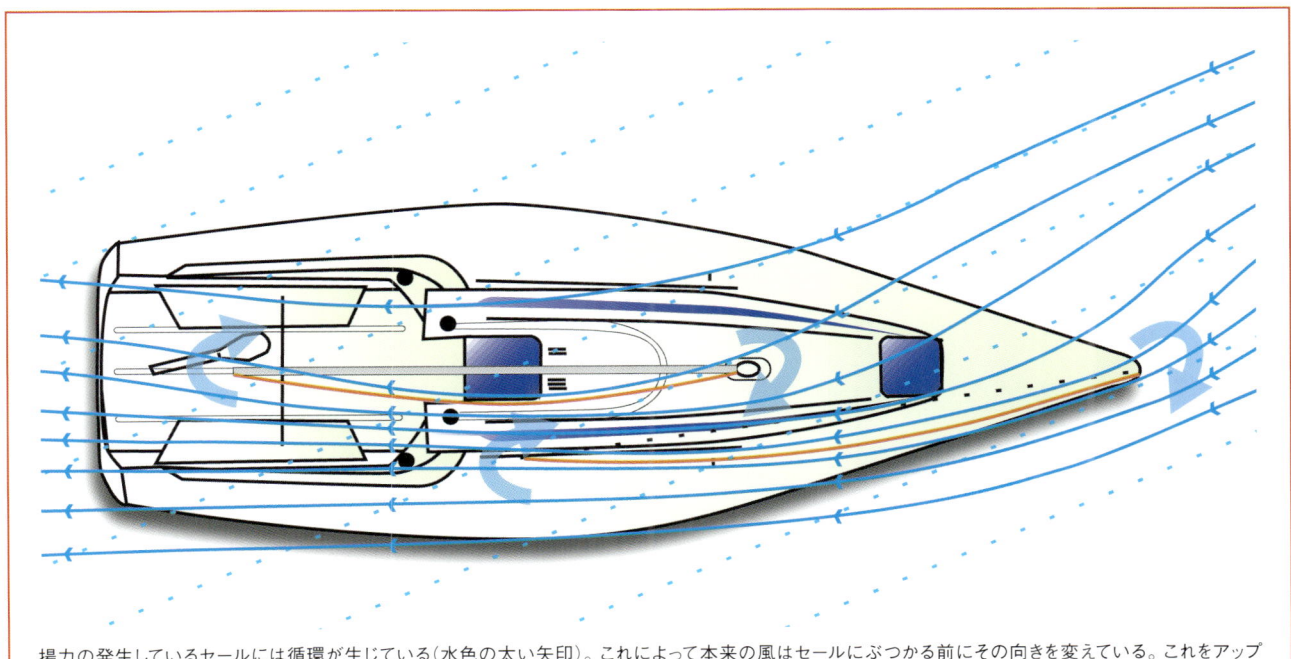

揚力の発生しているセールには循環が生じている(水色の太い矢印)。これによって本来の風はセールにぶつかる前にその向きを変えている。これをアップウォッシュという。メインセールのアップウォッシュによって、ジブにはさらにリフトした風が入ることになる

セールシェイプ

ヘッドセール

ドラフト量、すなわちセールの深さは、セールパワーの重要な要素だ。

ドラフト量が大きいほど揚力は増す。同時に抗力も増す。セールはパワフルになるが、高さは稼げない。また、パワフルなセールは、パワフルに船をヒールさせることにもなる。

逆にドラフト量の少ないセール、つまりフラットなセールはパワーは少ないが、その分上り角度は稼げる。同時に、船をヒールさせるパワーも少ないということになる。

また、同じドラフト量でも、ドラフト位置が前にあればエントリーはより深くなる。上り角度は良くないが、その分グルーブ（ヘルムの許容範囲）は広くなる。

逆に、シャープなエントリー（ドラフト位置が後ろ）では上り角度は良くなるが、グルーブは狭くなる。

同じようなサイズ（LP）のセールでも、軽風用のライトジェノアではドラフトは深く、強風用のヘビージェノアのドラフトは浅くデザインされている。まずは、デザイン通りのシェイプでセールをセットし、状況に応じてマストベンド、ヘッドステイのサギング量、それぞれのラフテンションの調整でそのシェイプを変化させていくことになる。

同じ風速でも、波のある海面では波を乗り切るだけのパワーが必要になるのでドラフトは深めに、ドラフト位置も前寄りにしてエントリーを深くし、グルーブを広く取る必要があるだろう。波がない海面ならば、フラット&シャープなエントリーで、より高さを稼いでいく走りができるはずだ。

ヘッドセールのドラフト位置は30〜45％と、メインセールのそれよりも前寄りになる。

メインセール

メインセールのドラフトコントロールでは、パワーコントロールに加え、抗力のコントロールという要素も大きくなる。

ドラフト位置が前にあると、揚力は減るが抗力も減る。ドラフト位置が後ろにずれると、揚力は増すが抗力も増す。

メインセールのドラフト位置は50％よりもやや前が基本。オーバーパワー時にはドラフトを前に移動し、抗力、揚力を減らしセール力をより前に。微風時にはドラフト位置を後ろへ移動させ、パワーを付ける。

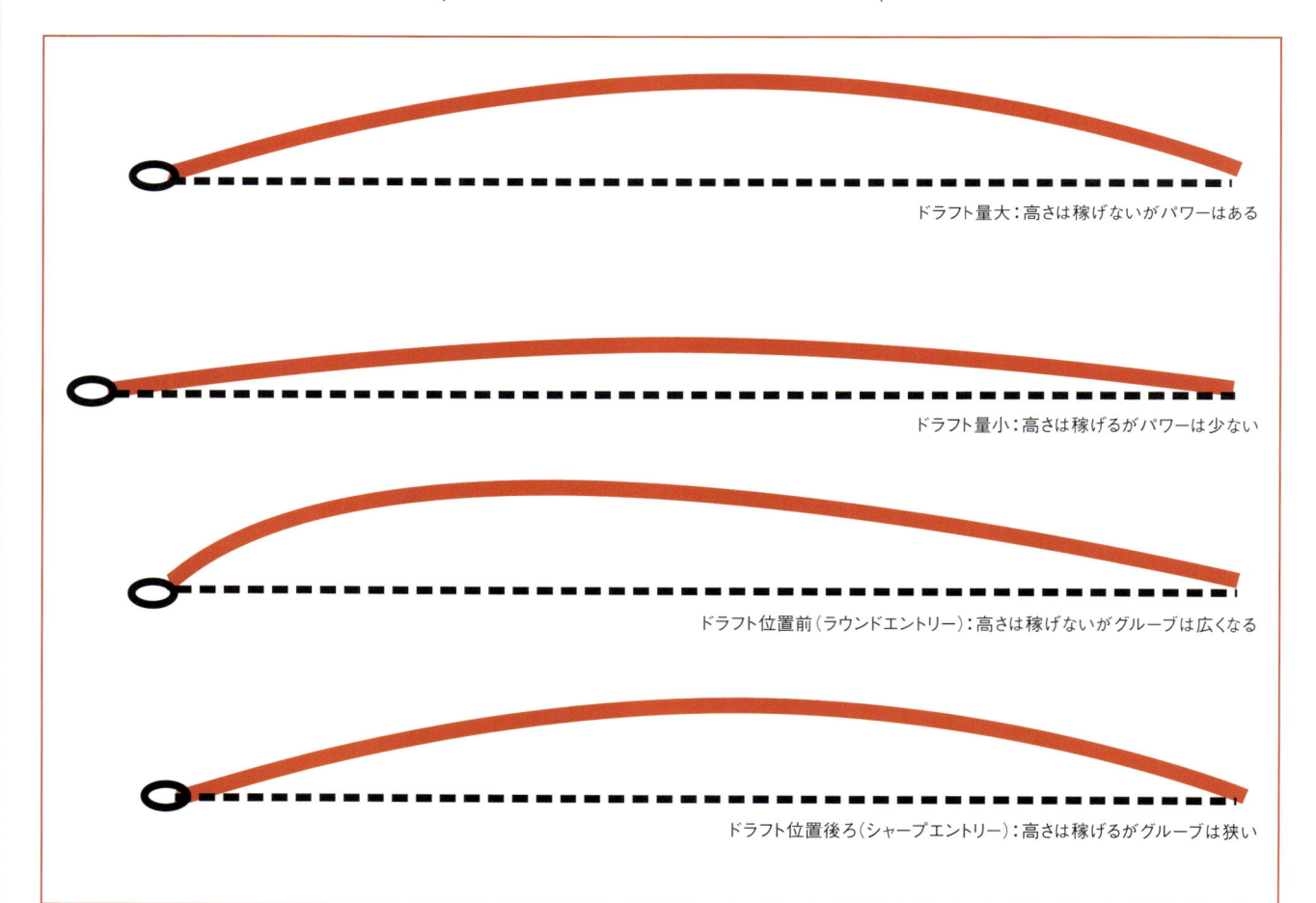

ドラフト量大：高さは稼げないがパワーはある

ドラフト量小：高さは稼げるがパワーは少ない

ドラフト位置前（ラウンドエントリー）：高さは稼げないがグルーブは広くなる

ドラフト位置後ろ（シャープエントリー）：高さは稼げるがグルーブは狭い

ツイスト

ヘッドセールのツイスト

　ヘッドセール（ジブ）にもメインセールにも、ツイストが必要である。

　海面付近とマスト上方では風速が異なり、そのため見かけの風はセール上方にいくにしたがって後ろへ回る。これをグラディエントと呼ぶ。

　となると、セールのアタックアングルを上部から下部まで同じに保つには、セール上部にいくにしたがって徐々に開いていくようにツイストさせなければならないのだ。

　ジブのラフのテルテールが、上から下まで同時に流れるということは、上から下までアタックアングルはほぼ同じ——つまり風のグラディエントに合ったツイストになっているということである。

　また、ジブは、リーチがスプレッダーに当たるところでマックストリムと説明した。その間隔を開く（ジブシートを出す＝リーチを開く）ことによって、高さは犠牲になるが、その分スピードを稼ぐことができるようになる。

　逆に、ジブシートを引いてリーチをタイトにする（ジブのリーチをスプレッダーに近づける）にしたがって、より高さを稼げるようになる。が、上りすぎるとスピードが落ちてしまう。

　最終的に、どこまで上らせるか（どこまでジブシートを引き込むか）が問題になるわけだが、これがまさに最初に挙げた「高さかスピードか」という命題だ。

　艇種にもよるし、その時のコンディションにもよるので、「リーチがスプレッダーから××センチのところまで引き込む」とは言えない。

　ここでのジブシートのトリム量はごく僅かだ。僅かの差が、高さかスピードかに関わってくる。まずスピード。そして、そのスピードを失わないように高さに繋げ、コンディションに合わせた最適なVMGを達成しよう。

　さらに、ツイストを増やすことによって、グルーブ（ヘルムの許容範囲）も増える。アタックアングルに多少の変化を持たせることにより、逆にセールのどこかで風をつかみ続けることができるからだ。微風で風が安定しない時、あるいは波があってまっすぐ走るのが難しい時などに有効だ。

　あるいは強風時、セールパワーが多すぎる時には、さらにツイスト量を多くして、セール上部の風を逃がす場合もある。

メインセールのツイスト

　クローズホールドでは、ジブが船の主動力になっていると説明した。フラップの役目を果たすメインセールでは、そのリーチ側が重要な役目を担っているといえる。

　メインセールでは、リーチ側に付いているリーチリボンがトリムの目安になる。

　メインセールのツイストは「トップバテンがブームに平行」が基本になるが、その時のトップのリーチリボンは僅かにストールする程度。それ以外のリーチリボンは全部きれいに流す。

　トップのリーチリボンがどの程度"僅かに"ストールするのがベストなのかは、ジブのリーチ同様、角度とスピードのかねあいになる。

　トップのリーチリボンが完全に流れている状態（メインシートを出して僅かにツイスト量を増やす）でスピードを。そこからリーチが閉じていくにしたがってリーチリボンの乱れが多くなり、高さを稼げるようになる。が、スピードは犠牲になっていく。

　ここでも、シートの出し入れの差はごく僅かだ。実際にトリムを変化させ、走りの違いからその感覚をつかんでいこう。

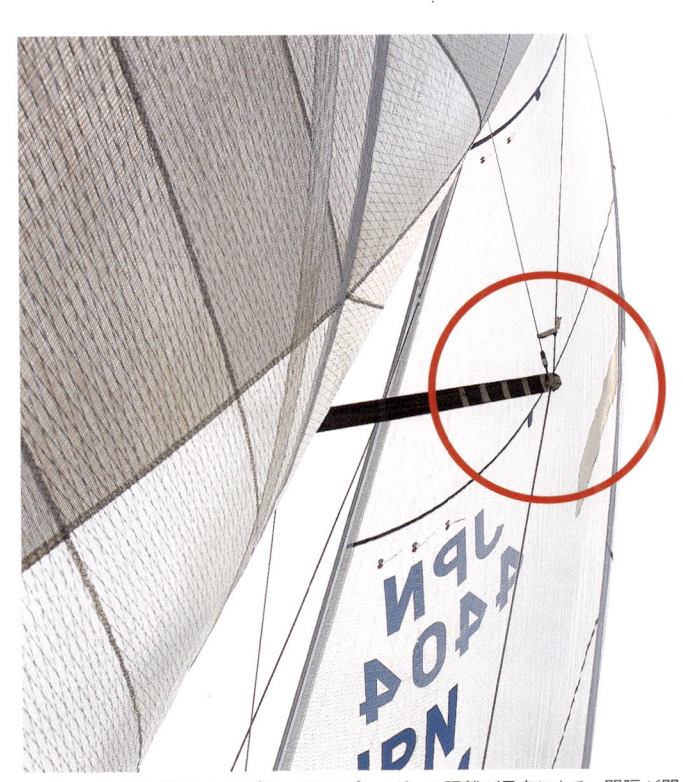

ジブシートの引き具合は、ジブリーチとスプレッダーの距離が目安になる。間隔が開くほどスピードはつくが角度は犠牲になる。スピードが付いたところで徐々に引き込んでいこう。スプレッダーに当たるころでマックストリムだ。高さとスピードを秤にかけて、ベストなトリムを探し出そう

ギアチェンジの必要性

　自動車の場合、走り出しにはローギアを使う。加速しながら変速していき、最後はトップギアに入れる。

　ヨットの場合、完全に停止することが少ないのでピンとこないかもしれない。しかし、風は常に変化しているし波もある。ヨットは加速／減速を繰り返しているのだ。

　ここまで解説してきた基本のセッティングとは、中風時におけるトップスピードの状態での基本のセッティングだ。それに至るまで、つまり加速時には、よりパワーが必要になり、スピードがついたところで角度を稼いでいくという具合に、ギアを切り替えていく必要がある。

　また、上り坂や下り坂同様、微風と強風、あるいは波のあるなしなどでトップスピードも違ってくるし、強すぎる風を逃がすことが必要になるときもある。常に状況に合わせたギアを使い分けなければならない。

加速！

　基本的に、ヨットは常に走り続けている。自動車のように、止まった状態から加速していく乗り物と比べ、"加速"という感覚がつかみにくいかもしれない。"加速"を意識せずに走っていても、ちょっと風が強くなれば勝手に加速してくれる。

　しかし、レース中のヨットでは、ごく僅かの差が結果に大きく影響する。自艇が今トップスピードにあるのか否かを判断し、トップスピードに達していなければ、意識して加速させる必要がある。そして、自艇が今トップスピードにあるのか否か、加速中なのか減速中なのかは、ライバル艇と走り比べなければ分からないほど僅かなものであったりする。

　まずは「加速と減速」を感じることから始めよう。

　分かりやすいのは、タッキング直後だろう。タッキングに失敗すれば、さらにスピードは落ちる。ここは大きくギアダウンしてスピードの回復に全力を尽くす。

　あるいは、風に対して切り上がりすぎてスピードを失うこともあるだろう。僅かなギアダウンで済む場合もあれば、大きくギアダウンしなければならないときもある。"加速"にもさまざまなモードがあるのだ。

ヘルム

　加速モードの第一段階はヘルムで行う。通常は風上側のテルテールが"僅かに跳ね上がる程度"を目安に、ヘルムスマンが舵でアタックアングルを調整して走っている。僅かな加速が必要なら、セールトリムはそのままで風上側のテルテールが"真横に流れる"ところまで落として走ってみる。これがドライブモードだ。

　さらなるギアダウンが必要なら、セールトリムも以下のようなドライブモードにし、積極的に加速していこう。

風速やシチュエーションによってギアチェンジし常に状況にあわせたトリムを使い分けよう

ヘッドセール

サギング

　加速にはパワーが必要だ。セールパワーを増やすには、ドラフト量を増やす必要がある。ドラフト量を増やすために効果的なのは、ヘッドステイのサギング量を増やすことだ。これだと同時にドラフト位置も前に移動するので、サイドフォースも減り、グルーブも広くなる。タッキング後の船の挙動が不安定な時にも効果的だ。

　艇速が上がっていくに従って再びドラフト量を減らしていく。揚力は減るが抗力も減り、より高さを稼ぐことができるようになる。

　ランナー付きのリグならタッキング中は一度ランナーが緩むわけだからちょうど良い。タッキング後、ボートスピードのアップと共に再びランナーを引き込んでいけばいい。

ランナーはパワーコントロールの重要な要素だ。ランナーマンもセールトリマーの一員である。

　ランナーなしの中間リグ艇なら、タッキング中に一度バックステイを緩めなければならない。操作は煩雑になるが、タッキングが終わった後では遅い。特にタッキングで艇速が大きく落ちるような時は欠かさず行おう。

ジブシートリーダー

　ジブシートリーダーは、標準位置より前に移動する。これでジブのフットが深くなる。

　艇速が上がるに連れて、再び標準位置に戻す。

　クルージングタイプの艇で、ジブシートリーダーがスムースに調整できない艤装なら仕方がない。固定のままだ。できれば、改造してジブリーダーを自由に調整できるようにしたい。

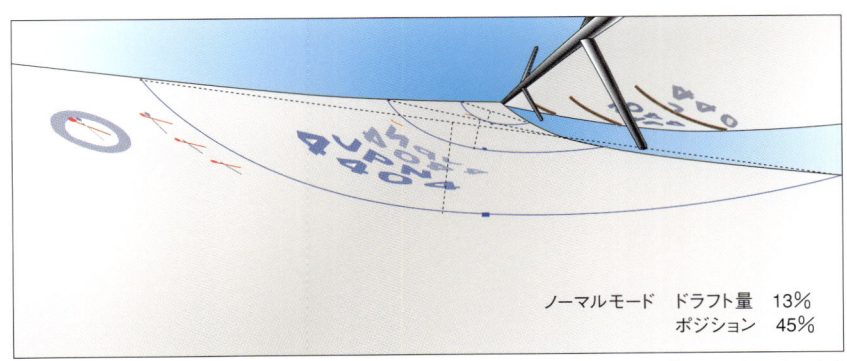

ジブシート

　ジブシートは緩めて、よりツイスト量を多くする。ジブのリーチとスプレッダーの間隔を目安に、標準時より広くする。

　ツイスト量が大きくなるとセールパワーは減ってしまうが、ここではジブシートリーダーのリード位置を前に移動しており、またサギング量も増やしてドラフトを深い状態にしている。つまり、ツイスト量は多くても、リーチが大きく開いているというよりシーティングアングルが大きくなるということであり、その分落として走ることになるのでスピードアップに繋がる。

　また、ツイスト量が多いということは、特にタッキング後などの船の挙動が安定していない状態ではグルーブが広くなり、風をつかみやすくなる。

メインセール

マストベンド

　ヘッドステイ同様、バックステイを緩めてマストのベンド量を減らし、メインセールのドラフトを深くする。

　艇速が上がるにつれてバックステイ(あるいはランナー)を引き込んでいき、セールをフラットにしていく。

メインシート

　メインシートも緩めてメインのツイスト量を増やす。トップのリーチリボンは完全に流れるはずだ。

　艇速が上がるにつれてメインシートを引き込んでいく。ツイスト量が減るとトップのリーチリボンが乱れ始める。艇速の回復に合わせ、トップのリーチリボンが僅かに乱れる程度まで引き込んでいこう。

トラベラー

　タッキング後の加速は、トラベラーで調整することが多い。

　タッキング前、通常位置ではブーム

ノーマルモード　ドラフト量　13%
　　　　　　　　ポジション　45%

ヘッドセールは、ノーマルモードでのシェイプがドラフト量13%、ドラフトポジション45%としてイラストにするとこうなる。ヘルムスマンは、風上側のテルテール(赤)が僅かに跳ね上がるくらいを目安にヘルムを取る

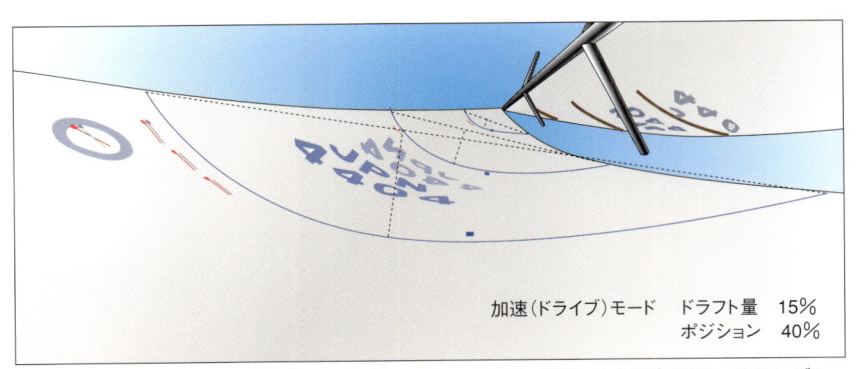

加速(ドライブ)モード　ドラフト量　15%
　　　　　　　　　　　ポジション　40%

ここから、ドラフト量とツイスト量を増やして加速モードへ。ドラフトポジションも前寄りになっており、グルーブも広くなる。ヘルムスマンはバウダウンして風上側のテルテール(赤)も真横に流す。艇速のアップに従ってノーマルモードに戻していき、高さに繋げよう。

がセンターにあるわけだから、トラベラーカーは僅かに風上側にある。そのままにしておけば、タックが返った後はトラベラーは通常の位置よりずっと風下にあることになる。

加速とジブシートの引き込みに合わせてトラベラーを徐々に風上側に上げていき、最後は通常の位置(ブームがセンターライン上)まで持っていく。

また、強風時は風を逃がすため、トラベラーは下がっているかもしれない。その時は、タッキング前のバウアアップ中にトラベラーを上げ、ウエザーヘルムを強くして船の回頭を助けてやる。トラベラーを上げた分、タッキング後はトラベラーは風下側に位置することになるわけだから、今度は加速に従って必要な分だけ引き上げてやる。

アウトホール

大きなギアダウンが必要な時は、アウトホールを緩めることによってメインセール下部のドラフト量を増やす。

しかし、通常の艤装では、加速するに従って引き込んでいくという操作をしにくいので、タッキングの度にアウトホールを緩めるということはない。固定しておくことが多い。

スピードと上り角度の変化は、ライバル艇や僚艇と比べていこう。風上にいるライバル艇はトリマーからは見にくいので、デッキでハイクアウトしているクルーがその動きを継続的にコールするといい。

自艇の方がスピードが速ければ「ファスター」、遅ければ「スロワー」。自艇の方が角度が良ければ「ハイヤー」、悪ければ「ロワー」となる。

「ハイヤー・スロワー」あるいは「ロワー・ファスター」などというコールになる。目指せ、「ハイヤー・ファスター」だ。

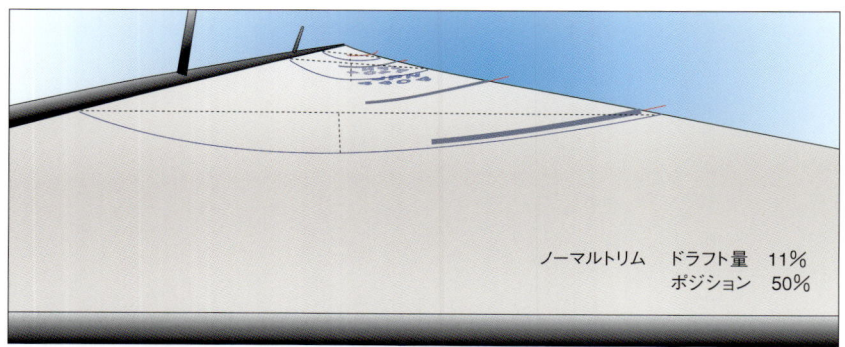

ノーマルトリム　ドラフト量　11%
　　　　　　　　ポジション　50%

メインセールは、標準の状態をドラフト量11%、ドラフト位置を50%と仮定してイラストにするとこんな感じになる。トップバテンがブームと平行、トップのリーチリボンは僅かに乱れる程度になる

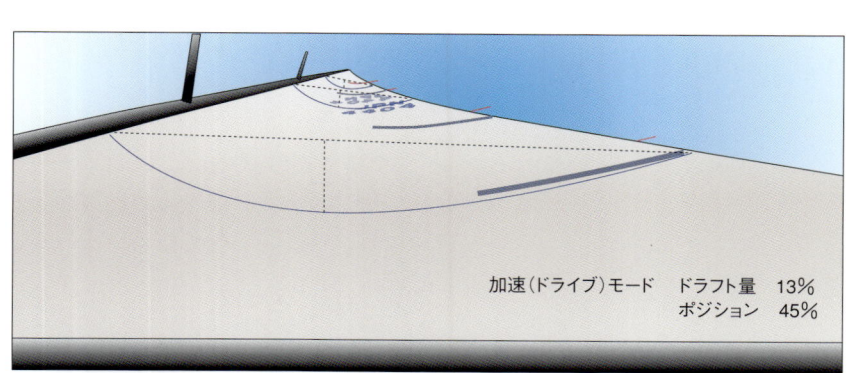

加速(ドライブ)モード　ドラフト量　13%
　　　　　　　　　　　ポジション　45%

マストのベンド量を減らし、ドラフトを深くする。このイラストは、ドラフト量13%の状態。メインシートも緩めてトップのリーチリボンが完全に流れるようにする。艇速アップとともに、再びランナーを引き、メインシートも引き込んでいく。ヘッドセールのトリムと連動させよう

ターゲット・ボートスピード

最適なVMGを保って走り続けるために、ターゲット・ボートスピードという概念を用いる。

ターゲット・ボートスピードとは、その時の真風速ごとにターゲットとなるボートスピードをあらかじめ決めておき、実際の艇速がターゲット・ボートスピードより遅ければ、それは上りすぎていると解釈する。その場合は加速が必要だ。ドライブモードに戻してスピードをつける。

逆に、艇速がターゲットより速い時は、落としすぎていると考える。喜んでばかりいないで、スピードを高さに変えていこう。

ターゲット・ボートスピード

UP	TWS	RUN
5.09	6	4.55
5.38	7	4.99
5.67	8	5.44
5.82	9	5.63
5.98	10	5.83
6.07	11	6.02
6.16	12	6.22
6.21	13	6.50
6.27	14	6.78
6.30	15	7.02
6.33	16	7.26
6.35	17	7.51
6.36	18	7.77
6.37	19	7.96
6.38	20	8.16

モデル艇(ヤマハ33S)のターゲット・ボートスピードを表にしてみた。TWSが真風速、UPは上りのターゲット・ボートスピード、RUNはダウンウインドでのターゲット・ボートスピードだ。風速は1ノット刻みのデータがあるわけではないので、中間(7ノット、9ノット、11ノット……)は単純に比例計算してある。これをデッキの見やすいところに貼り付けておこう。ただし、この数字はあくまでデザイナーサイドから出てきた計算値だ。実際のターゲット・ボートスピードは、何度も走り、他艇と走り比べて自分なりのものを練り上げる。

こうして、常に艇速をターゲット・ボートスピードに近づけるように努力しながら走る。もちろんスピードメーターが付いていなければ、この方法は使えない。

さらに、ターゲット・ボートスピードより速い／遅いと言ってもその差はごく僅かなので、デジタル表示のスピードメーターを装備していなければならない。

また、ターゲット・ボートスピードは、真風速ごとに決まる。見かけの風速ではない。そこで、見かけの風速と艇速から真風速を計算してくれるような計器（インストルメンツ）を搭載している必要がある。

IMSボートなら、レーティング証書から簡単にターゲット・ボートスピードを計算することができる。

この数字を基に、適宜モディファイし、自艇に適したターゲット・ボートスピード表を作り出そう。

微風のトリム

微風時のトリムは、先に挙げた加速のモードとほぼ同じ。ここでまず意識することは"スピード"だ。ボートスピードをつけることによって、見かけの風速も増す。そこから角度に繋げていくわけだが、それでもあまり角度は欲張らず、とにかくスピードを優先する。

ヘッドセール

深いセールシェイプでツイスト量を増やす。これが微風のトリムだ。

シェイプ

微〜軽風用のセールは元々ドラフト量が多くなるように設計されている。セールのシェイプ（ドラフトの深さと位置）をよく見て、その時のコンディションに合わせたサギング量に調節しよう。

サギングによって自動的にドラフト位置は前に移動する。前に行きすぎないように、フォアステイのサギングに合わせてジブハリヤードも緩めよう。場合によってはラフに横じわが出るかもしれないが、それでもかまわない。あくまでも、セールのシェイプがどうなっているかが問題だ。

ツイスト

セールパワーをより引き出すためにはツイストは少ない方がいいのだが、微風時は中風時よりも失速しやすくなっている。そこでジブシートを出してツイスト量を増やし、風が流れやすくする必要がある。

また、微風時はグラディエント（マスト上部と海面とでは風速が異なり、したがって見かけの風向も変わること）も大きくなるので、それに合わせてツイスト量も増やさなくてはならない。

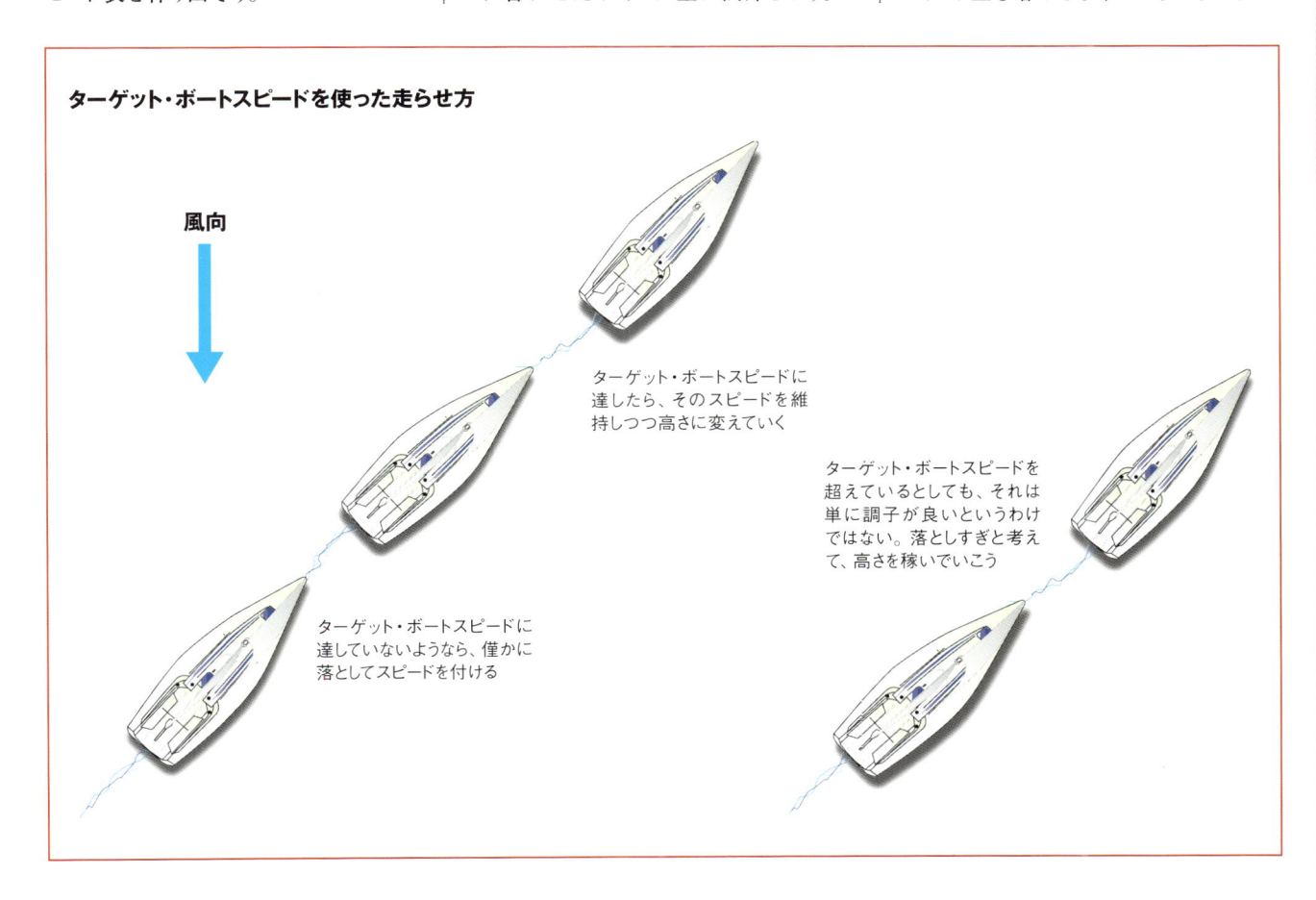

ターゲット・ボートスピードを使った走らせ方

風向

ターゲット・ボートスピードに達したら、そのスピードを維持しつつ高さに変えていく

ターゲット・ボートスピードを超えているとしても、それは単に調子が良いというわけではない。落としすぎと考えて、高さを稼いでいこう

ターゲット・ボートスピードに達していないようなら、僅かに落としてスピードを付ける

さらに、微風時は風向も不安定になるのでツイスト量を大きく取ることにより、グルーブが広くなってヘルムが安定するというメリットもある。

微風時は風が安定しない。状況は刻々と変わっていく。常にトリムし続けよう。強風時と違ってジブトリマーは風下側でトリムをし続けることができるのだから。

メインセール

シェイプ

バックステイ（あるいはランナー）を緩めてマストのベンド量を減らし、メインセールのドラフト量を大きくする。これも加速モードと同じだ。

バックステイを緩めれば、ヘッドステイのサギング量も増す。マストのベンドとヘッドステイのサギング量は互いに関係し合う。そこで、マストの硬さやそのチューニング、そしてそれに合わせたセールの設計（ラフカーブの量など）が重要になってくるわけだ。

マストベンドを減らすと、ドラフト量が多くなるとともにドラフトポジションは前に移動する。マスト側からドラフト量が増えていくからだ。

カニンガムは緩め、ドラフトポジションが前に行きすぎないように注意しよう。また、アウトホールも緩め、セール下部を深くパワフルなシェイプにセットしよう。

ツイスト

ブームはセンターラインのままでいい。メインシートを出して、トップのリーチリボンが完全に流れるまでツイストさせてやる。これも加速モードと同じだ。

ヘルム

風上、風下のテルテールが真横に流れるように――つまり落とし気味にヘルムを取る。

グルーブ、ウェザーヘルムの量など、トリマーとコミュニケーションをとり、とにかくスピードを維持するように神経を集中しよう。スピードも高さも、ヘルムスマンにかかっているといってもいい。ここが勝負どころだ。

マストチューニング

ランナーのない中間リグ艇では、マストのチューニングも重要になってくる。

マストベンドを減らし、ヘッドステイのサギング量を増やしたいわけだから、まずはリグ全体のテンションを下げる。通常はヘッドステイを緩める――すなわちヘッドステイのターンバックルを緩める。

これでヘッドステイのサギング量も増え、マストのベンド量も減ってヘッドセール、メインセールともにパワフルなシェイプとなる。

ただしルール上、レース中はこの調整は行えない。レース中とは、準備信号（スタート4分前）以降だ。それまでに風速を予測し、セッティングしなければならない。スタート時は微風でも、その後風速が上がってくることもある。もちろんその逆もある。ロングレンジでの天候の読みが必要になるのだ。

特に気候の変化が激しい日本では、リグのセットをどうしたらいいか、悩ましいことが多い。基本的には軽風用のリグセッティングでも、セールをある程度フラットにすることはできるので、このあたりを標準に考えたらいいだろう。

艇のトリム

乗艇位置は、風下前方が基本となる。ヒールさせ、前を沈めることでウェザーヘルムが増す。ウェザーヘルムの重要性は微風時でも同じだ。特に艇速が出ていないので、適度なウェザーヘルムを得ることでヘルムもとりやすくなるのだ。

また、多くの艇では、ヒールすることにより、海水と船底の接する面積（接水面積、濡れ面積）が減る。つまり抵抗が減少する。ボートスピードがある時は水線長がなるべく長くなるような船のトリムが重要だったが、ここでは水線長よりも接水面積を減らすことを考えよう。

ピッチングを減らすためには、必要最小限のクルー以外はキャビンの中に入ることもある。重心位置を下げ、重量を集中させるのだ。当然ながら、キャビンの中でも前後左右のトリムには注意しよう。すなわち、風下前方へ。そこはちょうどトイレのあたりになるかもしれない。夏は蒸し暑いかもしれない。それでも我慢だ。

高木 裕のワンポイント・アドバイス　「シフトへの対応」

微風時は風のシフトが激しいので、ティラー操作だけでは対応しきれない場合も多くなります。ヘッドセールトリマーはウインドシフトに敏感に反応し、リフトのシフトを感じたらジブシートを一度出して、あるいはヘッダーのシフトではタイトトリムにするなどしてヘルムスマンを助け、シフトを無駄にしないような動きが必要になります。

また、微風時は風向のシフトのみならず、風速の強弱の変化も激しくなります。急に風速が下がっても艇速はすぐには落ちません。すると、その分見かけの風が前に回ります。つまり艇上ではヘッダーのシフトが来たように感じるのです。これをベロシティーヘッダーと呼んでいます。この時は、ジブに裏風が入ってもしばらくそのままにして、それから判断した方がいいでしょう。

強風のトリム

セールパワーはヘッドセール、メインセール両方から生じる揚力から抗力を引いたものである、と何度も説明してきた。

抗力とは、風によって受ける抵抗だ。強風になると、この抗力が増大してくる。マラソンでも向かい風の中で走るのは苦しい。アップウインド・セーリングは、まさに向かい風の中を走るわけだから、強風になればなるほどこの抵抗が問題になってくる。

62ページのターゲット・ボートスピードをよく見ると、風速20ノット近くになると、風速が上がってもほとんど艇速は伸びないことがわかる。風の抵抗はそれほど強いものなのだ。

そこで、強風下のセールトリムでは、セールに生じる抗力を減らすように心がけていくことになる。

また、風速は常に一定ではない。特に強い風が入ることをブロー（ガスト、パフ）と呼んでいる。ブローが入るとヨットはヒールして自然に風は逃げるが、その時ウェザーヘルムが増え、大きく舵を切ってそれを抑えることになる。舵を切るというのは抵抗になるということだ。ブレーキをかけているのと変わらない。せっかくのブローも、ブレーキをかけていては台なしだ。

セールトリムで適切な反応をし、ブローをスピードアップに、そして高さに活かしていこう。

ヘッドセール

サギング

抗力を減らすためには、まずセールをフラットにしたい。そのためにはサギング量を減らさなければならない。

ヘッドステイのテンションが足りないと、風が入っただけでその風圧でサギング量は増えてしまう。つまり、強い風が入るとセールは逆に深くなってしまうのだ。バックステイを引き、またリグのチューニングでもテンションを入れて、ヘッドステイのサギングを減らそう。

ただし、強風用のヘッドセールは、元々ヘッドステイにサギングが出てしまうのを前提にラフカーブがカットされていることもある。あくまでもセールシェイプを見ながら、サギング量を調整しよう。

また、同じ風速でも波の悪い海面ではその波を乗り越えるだけのパワーが必要になる。その場合には高さを犠牲にしてでもドラフト量を増やし、パワフルに波を乗り越えていかなくてはならないこともある。

ハリヤード

サギング量が減るとヘッドセールは前から浅くなっていく。すなわちドラフト中心は後ろへずれる。エントリーはシャープになってしまい、グルーブは狭くなる。ジブハリヤードを引いてドラフト中心を前に移動させよう。

セールはフラットでも、丸みを帯びたエントリーでグルーブも広くなり、波のある海面でもヘルムが楽になる。逆に、強風でもフラットな海面ならば、ドラフトポジションを後ろへ戻しエントリーをシャープにする。グルーブは狭くなるが、それだけ高さを稼げるようになる。

このあたりの、適切なグルーブがあるかどうかは、ヘルムスマンがトリマーに、そのフィーリングを伝えていこう。

ジブシート

艇速は十分にある。そこで、高さを稼いでいくには、ジブシートはより引き込んだ方がいい。艇速が落ちないようなら、リーチがスプレッダーに当たるところまで引き込める。フット側もサイ

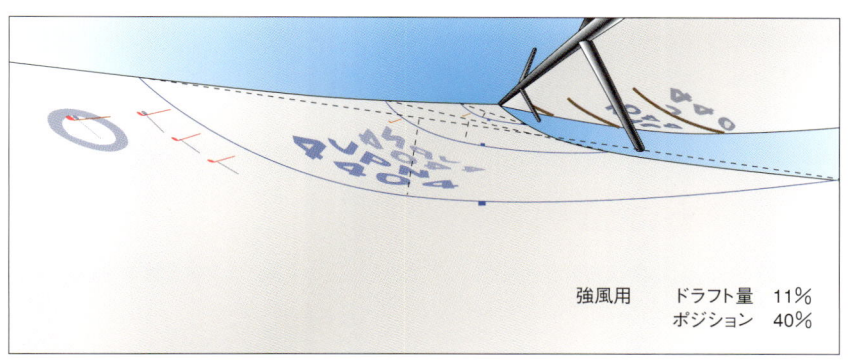

強風用　ドラフト量　11%
　　　　ポジション　40%

ヘッドセール：強風時はドラフトを浅く。波があるようならドラフトポジションもより前に。さらに風が上がってきたら、ツイスト量を多くして風を逃がす。基本的には、セールチェンジでコンディションに合ったセールを使う

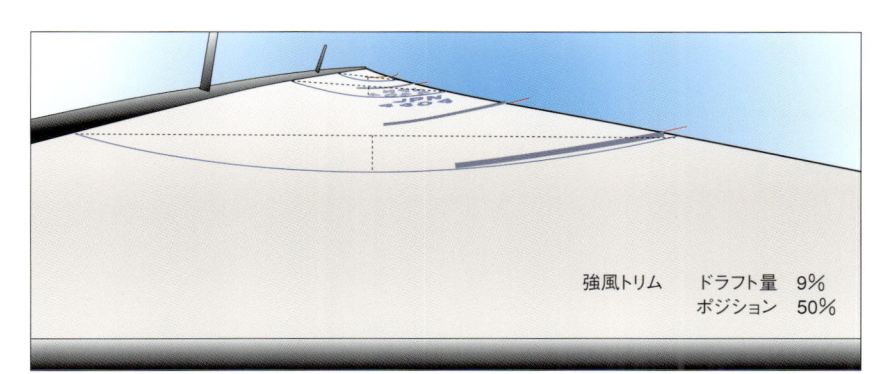

強風トリム　ドラフト量　9%
　　　　　　ポジション　50%

メインセール：マストをベンドさせ、ヘッドセール同様フラットなシェイプにする。ブローへの対応は、メインシートを使ってツイスト量を増やすか、トラベラーを下げてシーティングアングルを広げるか、ということになる。トリムには腕力、体力も必要だ

ドステイに当たっているだろう。上りすぎて艇速が落ちるようなら、また落としてスピードを付けていく。

逆に、ツイスト量を増やすとセール各部でアタックアングルが変化するので、波のある海面でボートの動揺が激しい時にも、セールのどこかしらで風をとらえている。

波の高い海面では、波に叩かれて止まってしまわないように、バウダウンしてスピードで乗り切ろう。

ジブリーダー

風が強くなり、オーバーヒールが厳しくなってきたら、セールチェンジのタイミングだ。

とはいえ、このまま凌がなくてはならない時も多い。その場合はジブリーダーを後ろへ移動、リーチを大きく開いて風を逃がす。

メインセール

マストベンド

深くてパワフルなセールは、パワフルに船をヒールさせることになる。過度のヒールはブレーキになるばかりだ。ここはバックステイを引いてマストをベンドさせ、メインセールをフラットにしよう。風速が上がればより浅く、風速が落ちてきたらより深く、ギアを切り替えていこう。

また、マストのベンドとセールのラフカーブが合っていないと、きれいなカーブが出ない。マストから斜めに皺が入るようなら、オーバーベンドということになる。

メインシート

強風時は風も息をしていることが多い。時に強いブローが入りオーバーヒールする→ウェザーヘルムが強くなりブレーキになる──と、風が強ければ速く走れるというわけでもない。適切に対処することで、ブローのパワーをヒールではなくスピードに変えていきたい。

メインセールはヘッドセールの後ろにある。つまり、メインセールのパワーを先に抜いてやればウェザーヘルムを軽減できるわけだ。

ブローに対するメインセールのパワーコントロールには2通りある。一つはメインシートでツイスト量をコントロールする方法。もちろん、ツイスト量を増やせばパワーは逃げる。

ブローが来たら、まずメインシートを緩めて風を逃がす。メイントリマーの腕次第で、船は真っ直ぐ走ったり走らなかったりするのだ。

トラベラー

メインシートでツイスト量を変化させる代わりに、トラベラーを使う方法もある。メインシートはそのままで、トラベラーを落とすことによってアタックアングルを少なくし、デパワーする。

メインシートでツイストさせるか、トラベラーでセールを出すか、状況によって使い分けよう。

ヘルム

上らせる──すなわちアタックアングルを狭くすることで、まずデパワーとなる。

場合によってはシートも出して風上側のテルテールが乱れるくらいまで、あるいは裏風が入るまで上る。

ウェザーヘルムの量が適正か否か、メインセール・トリマーとしっかり会話しながら走ろう。

艇のトリム

ヒールが大敵であることは述べた。ヒールを潰すためには、クルーのハイクアウトは非常に重要だ。ルールが許す限り、体重を外にかけるようにしよう。ハイクアウトしたぶんだけ、セールを引き込める=スピードが出る。

ヨットはヒールするとバウが沈む傾向にある。

したがって強風時は、軽風時よりも乗艇位置を1人分か2人分後ろにする必要がある。バウマンはバウをのぞき込んでみよう。ナックル（ステム下部の丸い部分）が水面に出たり入ったりしているくらいがちょうど良い。

波でピッチングも大きくなるだろうから、重量を集中させるために、クルーはなるべく固まって座る。体重の重いクルーが最も船幅の広い部分に位置すれば、より効果的だ。ヘッドセール・トリマーもファイナルまで引き込んだら、さっさと風上に戻ってハイクアウトする。ジブシートを風上側のウインチにリードして、ハイクアウトしながらトリムすることもある。

高木 裕のワンポイント・アドバイス　デパワーの方法

強風下、ツイスト（メインシート）でデパワーするか、トラベラーでデパワーするか、状況によって迷うところでしょう。

ファー40のように、軽い艇体にリーチローチの大きなメインセールを持つような艇なら、メインシートのコントロールでツイスト量を変化させ、J/24のようにキールの小さな艇や重い艇種なら、トラベラーで調節するのが基本です。

あるいは、比較的フラットな海面ならばトラベラーで、波があるならツイストで対応するようにしています。また、ブローに合わせてバックステイの調整もかなり頻繁に行っています。

クローズホールドでは、メインセール・トリマーは常に自分がヘルムを持っているつもりで適正なウェザーヘルムが出るようにセールトリムを心がけましょう。

スピネーカー

CHAPTER 7

呼んでいる。

この章では、そのスピネーカーについて取り上げる。

データによれば、モデル艇のヤマハ33Sの場合、真風速10ノット時には真風向90度前後が、ジブかスピネーカーかの分かれ目になる。真風速12ノットでは93度前後が分かれ目となる。これより前から風が吹いているならジブで、後ろに回るならスピネーカーの方が速いということになる。

スピネーカーも他のヘッドセール同様、風速や風向によってさまざまなデザイン、クロスの厚みの違いがある。また、クラスルールによって搭載枚数を制限される場合も多い。

クラブレーサーなら、0.5オンスのゼネラルパーパス、つまりオールラウンドな使用に耐えうるカットと、これよりややクロスの厚い0.75オンスのゼネラルパーパス・スピネーカーの使い分けが多くなるだろう。

軽風のランニング〜リーチングと、中風のランニングでは0.5オンスを。中風のリーチングと強風のランでは0.75オンスのゼネラルパーパス・スピネーカーでカバーするのが一般的だろう。真風速が同じでも、リーチングになると見かけの風速が上がるので、それだけ丈夫なスピネーカーを展開する必要があるからだ。

搭載枚数が多くなれば、風速、風向によってシェイプの異なるスピネーカーを用意する。ランニング用のスピネーカーはより深く大きく、リーチング用のスピネーカーはより浅く小さくという具合に、コンディションに合わせてデザインされている。

材質は、多くはナイロンだが、より伸びの少ないポリエステル製もある。た

スピネーカーの種類

マストの前に展開するセール（ヘッドセール）の中で、ダウンウインドおよびリーチングの一部で使用するのがスピネーカーだ。

最近では「ジェネカー」（左右非対称なので非対称スピネーカー、asymmetric（非対称）の意味から「Aセール」とも呼ばれる）や、ジェネカーとジェノアの中間のような「コード0（ゼロ）」と呼ばれるセールも開発されているが、左右対称でミッドガースがフットの長さの50％以上のものをスピネーカー（スピン）と

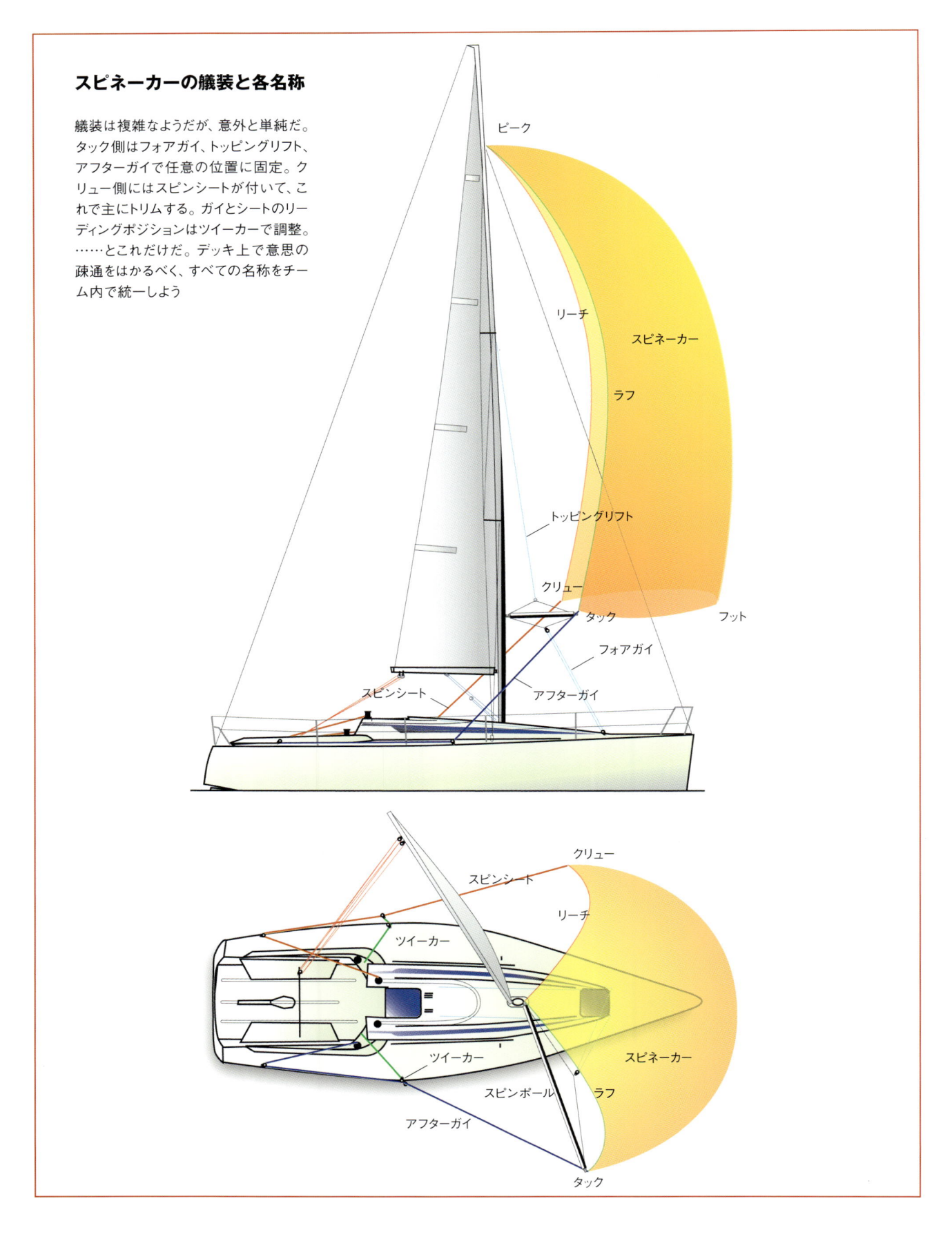

スピネーカーの艤装と各名称

艤装は複雑なようだが、意外と単純だ。タック側はフォアガイ、トッピングリフト、アフターガイで任意の位置に固定。クリュー側にはスピンシートが付いて、これで主にトリムする。ガイとシートのリーディングポジションはツイーカーで調整。……とこれだけだ。デッキ上で意思の疎通をはかるべく、すべての名称をチーム内で統一しよう

だし、ヘッドセールと違い、スピネーカーはある程度クロスの伸びがあった方が扱いやすい場合も多く、ポリエステル製のスピネーカーは上級者向きと言えるだろう。

スピネーカーの艤装

メインセールは、ラフをマストのグルーブに通し、またヘッドセールもそのラフをヘッドステイのグルーブに通すか、ハンクで留めて展開した。つまりこれらのセールのラフは"辺"で支えられている。

しかし、スピネーカーは辺で支えられてはおらず、ピーク、クリュー、タックの三点で支持される。つまり、宙に浮くようなイメージで展開される。凧揚げの凧のようなので、カイト（kite）と呼ばれることもある。

ここでは、スピネーカーとその艤装について見ていこう。

ラフとリーチ

一般的なスピネーカーは左右対称だ。展開している状態によって、風上側をラフ、風下側をリーチと呼び分ける。ジャイビングしてタックが変われば、ラフとリーチは入れ替わる。

機能的に裏表はない。どちらを前面にして展開してもかまわない。しかし、取り扱い上、左右を区別するためリーチ（あるいはラフ）部のテープは左右で赤と緑に色分けされている。船の慣習上、緑（あるいは青）のテープが付いている方を右舷側に、赤のテープを左舷側にセットすることになる。となると、スターボードタックで走っている時は、緑のテープ側がラフ。ポートタックで走っている時は緑のテープがリーチになる。

フット（下辺）は白のテープになっていることが多い。

タックとクリュー

ラフとリーチ同様、タックとクリューも、風を受ける舷が変われば入れ替わる。

タック側（風上側）にはアフターガイが付き、スピンポールのジョーを通って後方にリードされる。

風下側、つまりクリュー側にはスピンシートが付く。このスピンシートがスピネーカートリムの主役だ。

ピーク

ピーク（スピン上端）にはスピネーカーハリヤードが付く。スピネーカー用のハリヤードは左右のウイングハリヤードを用いる。これによってスピネーカーはジブの外側に、マストのI（アイ）ポイント上部まで揚げる。

最近では中間リグであっても、マストヘッドからスピネーカーを展開する艇種も増えてきている。この場合は、当然マストヘッドからのハリヤードが付く。

ハリヤード、アフターガイ、スピンシート共、スナップシャックルでスピネーカーと接続する。しかし、小型艇でスピネーカーを1枚しか搭載していない艇では、直接結んでしまうこともある。

フォアガイ

スピンポールはトッピングリフトで上方に、フォアガイで下前方に引かれる。アフターガイと合わせてスピンポール先端、すなわちスピネーカーのタックは3方向からリードされることになり、固定される。風向、風速に合わせて、高さや角度は任意の位置にトリムできるわけだ。

アフターガイとスピンシート

スピンシートとアフターガイは、ジャイビングしてタックが変わると、その名も変わる。ジャイビング前までのスピンシートはアフターガイに、アフターガイはスピンシートになる。

フォアガイも「ガイ」であり、混乱しやすいので、フォアガイを「ガイ」。スピンシートを「シモ」。アフターガイを「カミ」と略して言う場合もある。

船が大きくなると、シートやアフターガイにかかるテンションも高くなり、両者を共用できなくなってくる。そこで、スピンシートとアフターガイをそれぞれ左右両舷に付けることになる。

この場合には、使っていない方、つまり風下側のアフターガイと風上側のスピンシートを、それぞれレイジーガイ、レイジーシートと呼ぶ。

ジャイビングの際には、テンションのかかっていないレイジーガイをスピンポールにセットすることによって、楽にジャイビングできるというわけだ。

スピンシートは船の最後部へリードしてから、スピンシート用のウインチで引く。通常は、キャビントップのハリヤード用ウインチを使うことが多いが、ここへきちんとリードされるよう、デッキにターニングブロックが付く。

軽風時、小型艇ならターニングブロックをラチェット式のものにし、ウインチを使わずにダイレクトにトリムすることもある。スピンシートトリムは引くばかりではなく、「出す」という操作も重要だが、風が弱い時にウインチに巻いていると、うまく出て行かないことがあるので注意しよう。

また、シートとアフターガイを兼ねている場合、スピネーカー取り込み時にこのターニングブロックのラチェットを外しておかないと、ガイが出にくく、スピネーカーの取り込みがうまくいかないこともあるので注意してほしい。

トッピングリフト

スピンポールを上に引き上げている

のがトッピングリフトだ。

　メインセールのブームを引き上げるのもトッピングリフトなので、正確にはスピンポール・トッピングリフトなのだが、レース艇にはブーム用のトッピングリフトはないので、普通トッピングリフトと言えば、スピンポールのトッピングリフトのことになる。略してトッパーと呼ぶことが多い。

　Iポイントより下にイグジット(トッパーやハリヤードのマスト側出口)が付くが、特にディップポール・システム(後述)の場合は、トッピングリフトがIポイントのすぐ下から出ていると、ヘッドセールと干渉しにくくなるので都合がいい。特にインショアレースでは、軽量化ということもあって、センターハリヤードをトッパーとして使うことも多い。この場合、ジブハリヤードにはウイングハリを使い、スピネーカーと兼用することになる。

スピンポール

　スピンポール(スピネーカーポール)はアルミニウム、あるいはカーボンでできている。

　長さはルールで決まっている場合が多い。多くはJの長さと同じか、それより長くするとペナルティーが付いたりする。

　スピンポールの先端にはアフターガイが通り、ポール後端はマスト側にセットされる。

　モデル艇では、スピンポールの両端は同じ形、つまり前後対称になっていて、ジャイビングごとに前後が入れ替わる。これをエンドツーエンド・ジャイブと呼んでいる。全長33ft程度までの小型艇では、ほとんどがこのスタイルになる。

　35ftくらいになるとスピンポールも長く重くなり、バウで振り回すのが困難になってくる。そこでディップポールと

スピンポールのマスト側付け根のリングにはスライダーが付き、上下の位置を調整できるようになっている。写真の調整用ロープは、クリートにかからない部分は外皮をむいて軽量化している。ポールから垂れ下がっているのはエンド金具のピストンを開くためのもの

ヤマハ33SのIポイント付近。ヘッドステイの下から出ているのがセンターハリ。インショアレースではトッパーとして使うことが多い。上から延びているのが左右のウイングハリ。センターハリをトッパーに使った場合、左右のウイングハリでスピネーカーとジブを揚げる

エンド金具。上のピストン部が開いてアフターガイを挟み込む。ディップポールタイプの場合は、ここにトリガーが付き、ガイを押し込むとバチンとピストン部が閉まるようになっているものもある。アフターガイには、スナップシャックルがこの穴に噛み込まないようにプラスチックのボールを付けたりする

エンドツーエンドタイプでは根元側も同じフィッティングだが、こちらはマストのリングにはめる。上に見えるロープを引いても口は開くが、これは先端部ともつながっている。エンド側からでも先端部の口を開くことができるようになっているからだ。誤って先端部の口を開かないよう、右写真のようにフィッティング部を下から押し当てるようにしてはめるとよい

呼ばれるシステムでジャイビングすることになる。この場合、ポールの前後が入れ替わることがないので、ポール両端の艤装が異なってくる。先端部はアフターガイを通すように、後端部はマスト側のスライダーに直接接続する金具が付くようになる。

エンドツーエンド・システムでは、トッピングリフトはポールの中央部になくてはならない。ポールの前後が、ジャイビングごとに入れ替わるからだ。

とはいえ、ポールの中央から直接トッパーを取ると強度的に弱くなるので、前後端からブライドルと呼ばれるロープ（あるいはワイヤー）が取られる。

スピンポールを外した時に、ここがブラブラしていると扱いにくいので、ショックコードを使ってピンと張っておくようにすると便利になる。使いやすいようにバウマンは工夫しよう。

マスト側にはスライダーが付いていて、ポール付け根の高さを調節できるようになっている。

スピネーカーは、なるべくメインセールから遠ざけて展開したい。そのためには、スピンポールの長さを最大限有効に使うという意味で、マストとスピンポールは直角にセットしたい。つまり、スピンポール先端の高さをトッピングリフトで調節し、それに合わせて、マストとポールが直角になるようにポール付け根の高さをセットする。

艇種によっては、このスライダーを付けることが禁止されているクラスもある。また、スライダーのレールによってマストのベンドが不均衡になる、あるいは重くなるからなどという理由で、あえてスライダーを付けない艇もある。

その場合は、マスト側はリングが複数付き、先端部の高さに合わせて一番近いリングを利用する。

当然ながら、マストとスピンポールは直角にはならないが、先端部の高さを優先し、なるべく直角に近づくようにマスト側のアイを選ぶことになる。

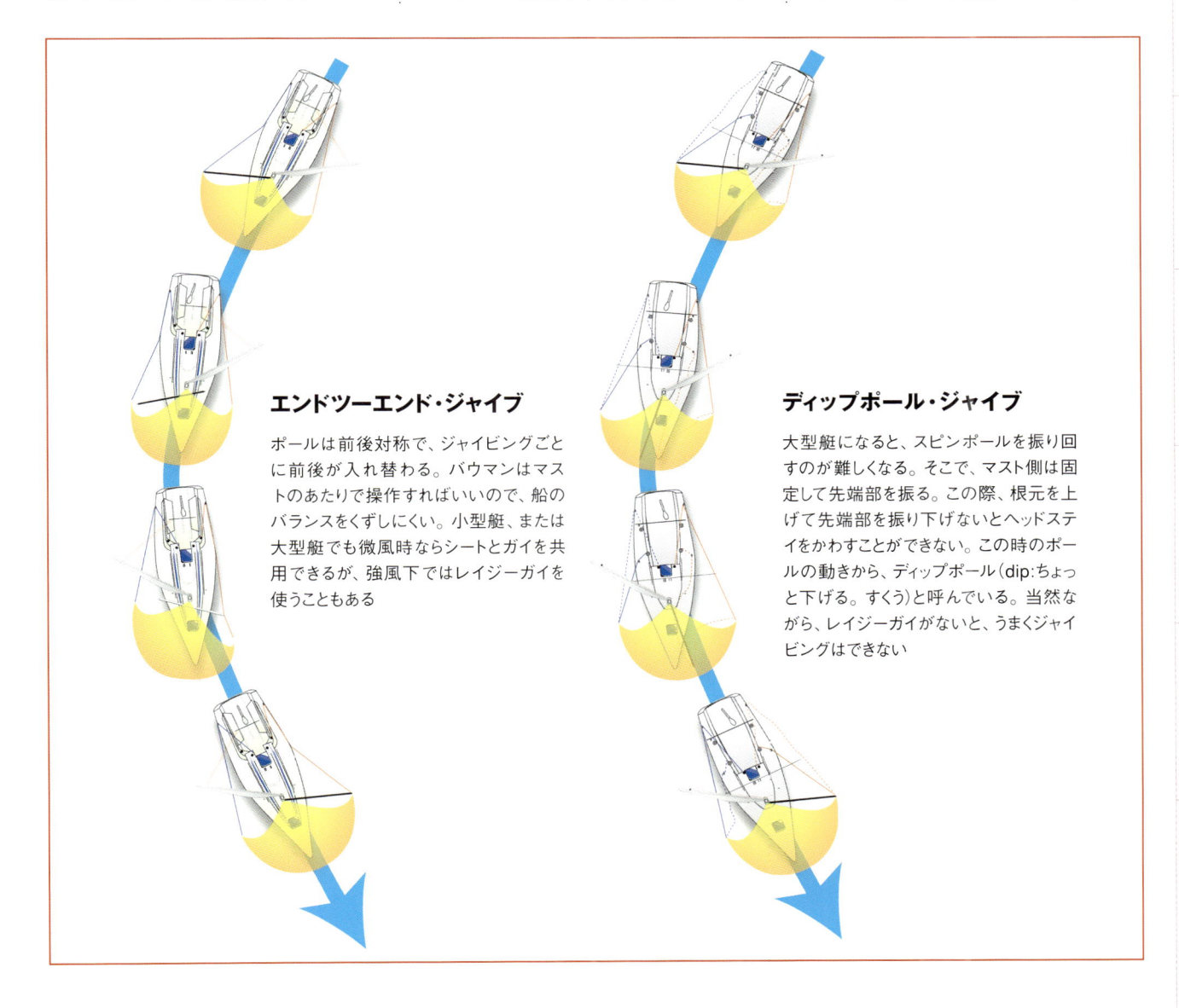

エンドツーエンド・ジャイブ

ポールは前後対称で、ジャイビングごとに前後が入れ替わる。バウマンはマストのあたりで操作すればいいので、船のバランスをくずしにくい。小型艇、または大型艇でも微風時ならシートとガイを共用できるが、強風下ではレイジーガイを使うこともある

ディップポール・ジャイブ

大型艇になると、スピンポールを振り回すのが難しくなる。そこで、マスト側は固定して先端部を振る。この際、根元を上げて先端部を振り下げないとヘッドステイをかわすことができない。この時のポールの動きから、ディップポール（dip:ちょっと下げる。すくう）と呼んでいる。当然ながら、レイジーガイがないと、うまくジャイビングはできない

スピンポールはブライドルを介してトッピングリフトで上方に、フォアガイで下方に引かれる。アフターガイと合わせて三点で支持され、任意の位置に固定される

ポールを収納した時、ブライドルがブラブラして次のセットで手間取らないよう、ショックコードを仕込んである。写真のブライドルは、細くても丈夫なスペクトラ製

エンドツーエンド・システムの場合

トッピングリフト

フォアガイ

　エンドツーエンド・ジャイブでは、ジャイビングのたびにポールの前後が入れ替わるわけだから、トッピングリフトもフォアガイも、スピンポールの中央から取らなければならない。
　トッピングリフト、フォアガイ共にポールの中央から直接取ることもあり、シンプルで扱いやすいが、強度的には劣る。

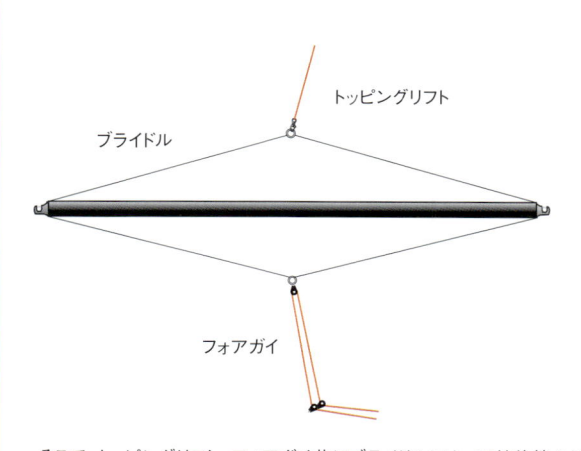

トッピングリフト

ブライドル

フォアガイ

　そこで、トッピングリフト、フォアガイ共にブライドルによって前後端から支えるようになっていることが多い。
　フォアガイ側はブロックが付き、ここで2分の1にパワーダウンさせ、同時に左右両舷どちらからでもコントロールすることができるようになる。

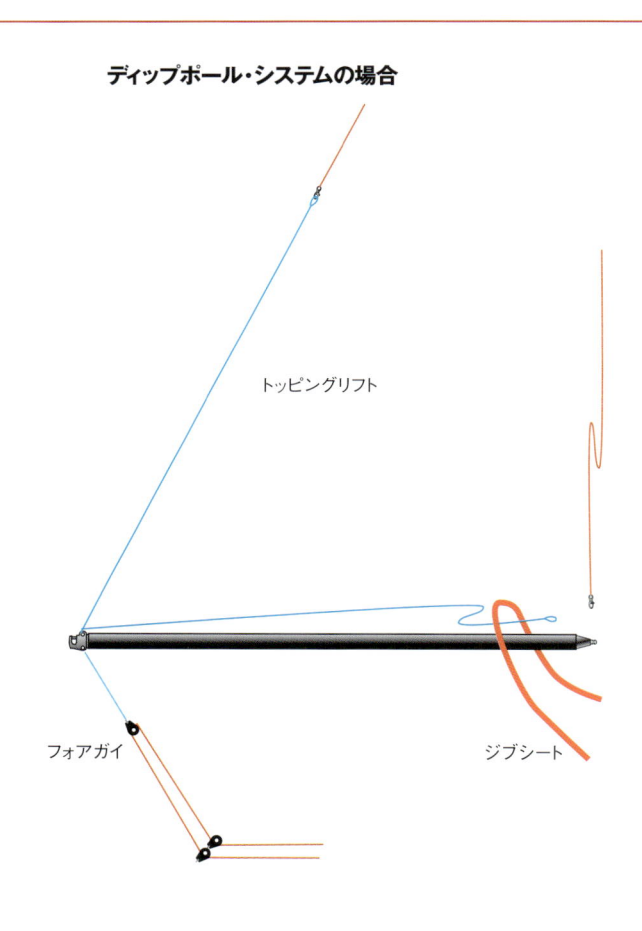

ディップポール・システムの場合

トッピングリフト

フォアガイ

ジブシート

　ディップポールシステムでは、マスト側はソケットに付きっぱなしとなり、トッピングリフトもフォアガイもポールの先端から取る。
　トッピングリフト側には、スピンポールと同じ長さのロープ（スペクトラ製など）が付き、ここでトッピングリフトと接続。ポールダウンした時には、マストの根元で脱着することにより、ジブシートをかわすようにしている。

ツイーカー

スピンシートのリーディングアングルはツイーカーで調節する。

ツイーカーを完全にフリーにすれば、スピンシートは船の最後尾からリードすることになり、完全に引き込めばデッキ最広部のツイーカー取り付け部からリードすることになる。

アフターガイは、通常デッキ中央の最広部からリードしたい。スピンポールを最も強力に下後方へ引くことができるからだ。

同じロープでシートとガイを兼用する艤装のボートでは、風上側（アフターガイ側）はツイーカーをいっぱいまで引くことで、この用に供している。

風下側（スピンシート側）は風向や風速によって調節する。詳しくは次章で解説していこう。

レイジーガイが付いている場合、ガイ側はデッキのブロックに直接リードされる。ツイーカーはスピンシートにのみ付けられる。

ツイーカーを引くと、リーディング位置は前に移動する

ツイーカーを緩めることによって、リーディング位置は後ろへ移動する

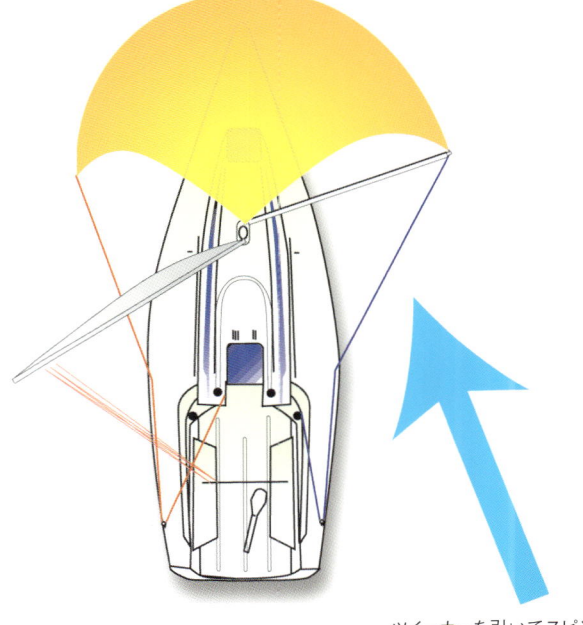

ツイーカーを引いてスピンシートのリーディング位置が前にある状態

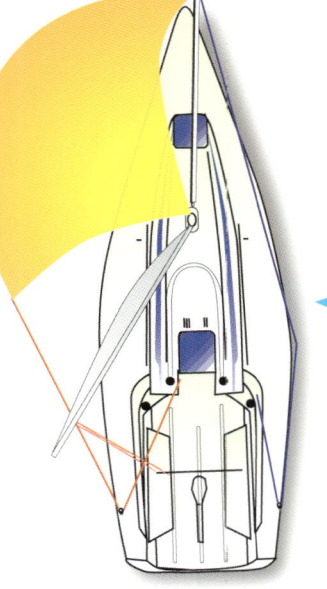

風が横へ回るとスピネーカーの展開位置も横に回る。その分ツイーカーを緩め、リーディング位置を後ろへずらす必要がある。風上側（アフターガイ側）のツイーカーは引いてある

ダウンウインド
CHAPTER 8

　本書では、風上マークへ向かうレグ（アップウインド）と、風下マークへ向かうレグ（ダウンウインド）、そしてマークがヘディング方向にあるリーチングの3つに分けてセールトリムを解説している。第8章はそのダウンウインド編である。

　アップウインド（クローズホールド）ではマークに直接ヘディングを向けて走れなかった。風上マークを目指すには、タッキングを繰り返すことになる。

　ダウンウインドでは、マークにヘディングを向けようとすれば向いてしまう。しかし、それではスピードが落ちてしまう。

　ダウンウインドでも、最適なVMGを求めて走る必要がある。目指す風下マークは、さらに風下にあるのだ。

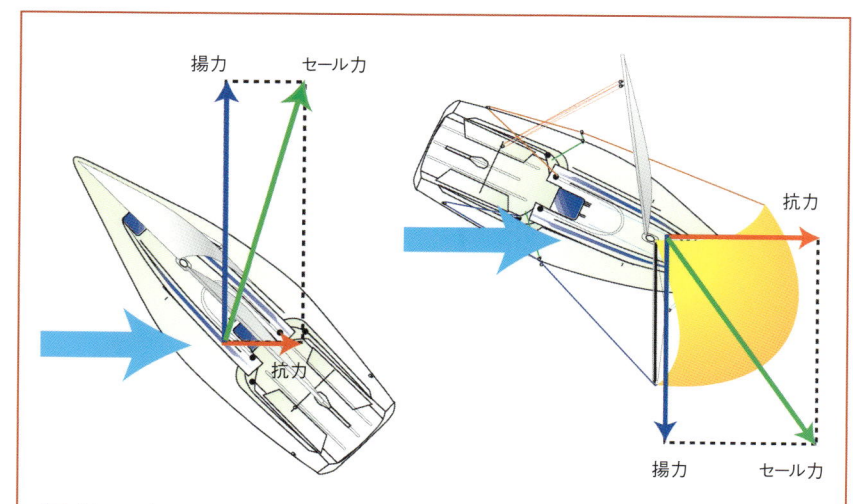

[図1]クローズホールドでは、抗力は船をバックさせる方向に働く。百害あって一利なし。ところが、ダウンウインドでは、抗力は進行方向に生じる。前進力となるわけだ。逆に揚力はバウダウンするほど前進力に貢献しなくなっていく

VMG

正しくトリムされたセールからは揚力が生じ、抗力との合成した力（セール力）によってヨットは進む。

抗力は風向と同じ向きに生じる。つまり風上航では後ろ向きに生じるわけで、前進の妨げになる。抗力を極力減らすことが、セール力を前進力として活かすことに繋がったわけだ。

ところが、風下へ向かうダウンウインドでは、抗力も前進力として作用する（図1参照）。

逆に、揚力は風向に直角に生じるので、デッドラン（真追っ手）に近い状態では、揚力は前進力には貢献しにくい。セールに生じる抗力のみで走っていることになる。きわめて効率が悪いのだ。

そこで、ある程度バウアップして風上に上り、セールに風を流して揚力を発生させることで前進力をプラスさせ、艇速アップに繋げることにする。

もちろん、今は風下のマークを目指しているのだから、上れば上るほど高さ――この場合の高さとは、風下へ向かっての高さなので、「低さ」と言い換えてもいい――を失う。

コースを風下に落とせば落とすほどマークには近くなるが、スピードは落ちる。そう、アップウインドの時と同様、高さかスピードか、風下マークへ向かうVMGが重要になってくるのだ。

そして、これこそがヨットレースの面白さのひとつとなる。「高さか、スピードか？」。ここでもそれが重要になる。

図2はモデル艇であるヤマハ33Sの設計上のパフォーマンスを示すポーラーダイヤグラムだ。真風速8ノットでのパフォーマンスを示している。

風下マークへ向かう速度が最大になるのは、真風向（TWA）約144度。この時、艇速（Bs）は約5.5ノットになるということが分かる。真風向180度、つまりデッドランでは艇速は4.1ノットしか出ない。

真風速8ノットの時には、マークに向けずに上らせてスピードをつけた方が、結局は早く風下マークにたどり着くということだ。もちろん何度かジャイビングをしなくてはならなくなるが、風の振れに合わせてジャイビングしたり、また潮や風の強弱に合わせて有利な海面を走るなど、選択肢も増える。

注意しなくてはならないのは、ここでの風速、風向はともに真風速、真風向だということ。見かけの風は大きく異なってくる。図3に、それぞれの見かけの風速、風向を図示してみた。

ランでは真後ろから風を受けて走っている。したがって艇速が増すほど、見かけの風速も落ちてしまう。見かけの風が落ちれば艇速も落ちる。悪循環だ。

[図2] 真風速8ノットでのモデル艇の性能曲線。真風向（TWA）180度では艇速（Bs）は4.1ノットしか出ていないが、144度まで上ると艇速は5.5ノットと上がり、風上マークへ向かう速度成分（VMG）は4.5ノット程度まで上がる

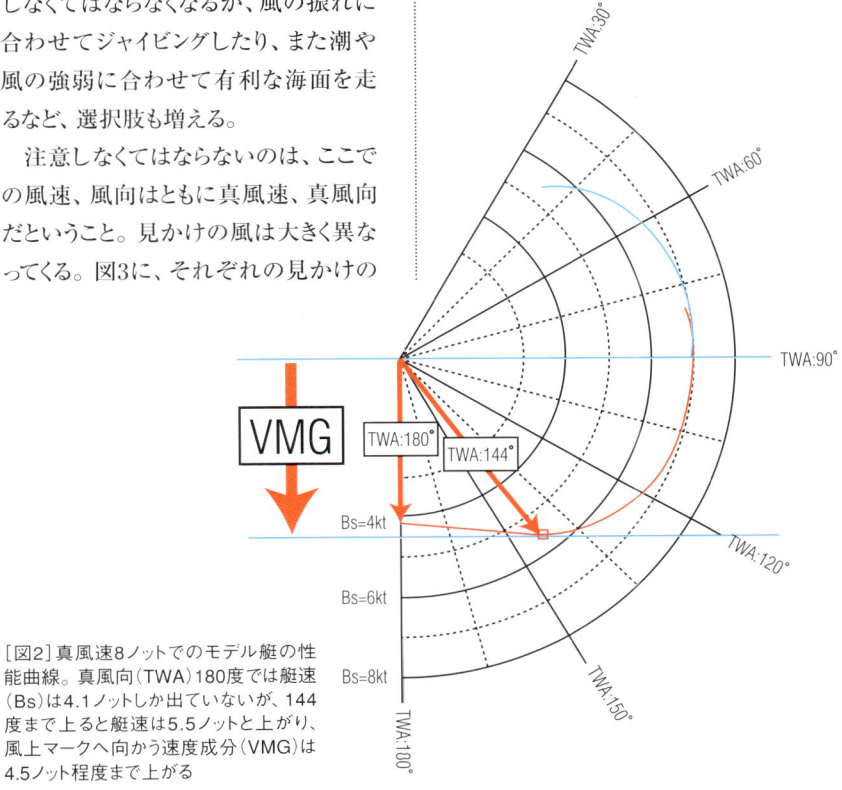

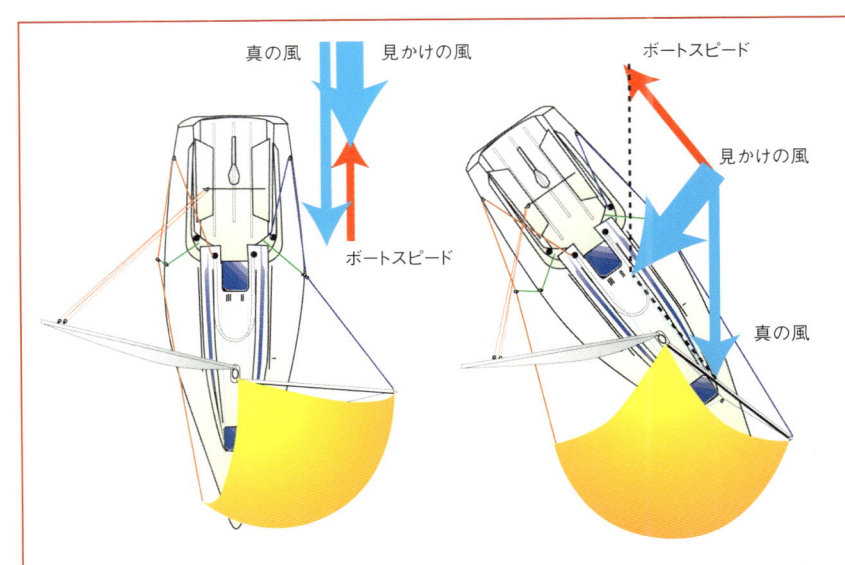

[図3] 真風速8ノット。144°まで上らせて走ると艇速は約5.5ノットに達する。見かけの風は図のようにほぼアビームに感じるはずだ

風上に上ってスピードを付けると、見かけの風速は上がる。微風時に艇上で実際に感じてもらえば、歴然とその差が分かるだろう。その時、見かけの風向も大きく前に回る。図3の状態では、真風向が144度でも、艇上で感じる見かけの風はほぼ真横になる。この真風向と見かけの風向の違いも重要なポイントだ。

ダウンウインドでの最適なセーリングアングルは、真風速によって大きく異なってくる。

真風速が下がるほどバウアップして走る必要があり、逆に、真風速が上がるに連れてバウダウンして走ることができるようになる。

強風下では、抗力のみでも十分なパワーを得られる。ほぼマークに向けて最短距離を走ることができる。船はハルスピード（後述）に達し、サーフィンなどの加速要素を加えることもできるようになるだろう。

微風から軽風、中風、そして強風と、風速によって、その走り方もトリムもデッキ上の雰囲気もが大きく変わってくる。

スピネーカートリムの基本

スピネーカーは、タックの位置、つまりスピンポールの高さとアフターガイの引き具合、そしてスピンシートによってトリムされる。それぞれを詳しく見ていこう。

スピンシート

スピネーカートリムの主役はスピンシートだ。スピンシートのトリムを一言でいうならば「出せるだけ出す」ということになる。

シートをどんどん出していくと、スピンはラフ側からつぶれ始める。つぶれたらスピンシートを引く。引いたらまた出す。出せるところまで出す。つぶれそうになったら引く……。常にラフ側がヒラヒラしているくらいでちょうどいい。

逆に、スピンシートをどんどん引き込んでいくと、スピネーカーはきれいに風をはらむようになる。しかし、これではスピネーカーの風下側では風が完全にストールしてしまっていて、揚力は発生しなくなる。スピネーカーは単に風に逆らう丸い戸板のような存在となり、投影面積も少なくなってしまう。

シートを出すことで、主にラフ側で風が流れ、揚力が発生する。また、投影面積も増えて抗力も大きくなり、その両方を前進力に活かすことができるようになるのだ。

スピンシートは、出しては引き、引いては出し、常にトリムし続けよう。

船が大きくなったり風が強くなってくると、スピンシートは1人では引けなくなる。ウインチに巻き、別のクルーがウインチを回す。シートトリマーと声をかけあってトリムし続けよう。体力も必要だ。

アフターガイ

アフターガイを引くとスピンポールは後ろに移動（ポールバック）、アフターガイを出すとスピンポールは前に移動（ポールフォワード）する。

スピンパワーをより前進力に貢献させるためには、アフターガイは引けるだけ引く。引き過ぎるとスピネーカーはつぶれてしまう。目安は、スピンポールが風向と直角になるか、やや引き込む程度だ。この風向とは見かけの風のことだから、艇上の風見の方向を目安にアフターガイを引き、ポールをセットしよう。

スピンシートが正しくトリムされているなら、フットの形状をよく見てみよう。センター部分の横方向のシームとフットの形状を比べ、フット側が深過ぎるようならポールが前に出過ぎ（＝アフターガイを出し過ぎ）、フット部分が張っていたらポールが後ろ過ぎ（＝アフターガイを引き過ぎ）、あるいはスピンシートを引き過ぎていると考えよう。

タック、クリューの高さ

スピネーカーのタックとクリューの高さがデッキレベルで平行か、ややタック側が低くなる程度にトッピングリフトとフォアガイでスピンポール先端の高さを調整する。

タックを低くするとラフにテンションがかかる。ジブやメインセール同様、スピネーカーもラフテンションをかけるとドラフト位置が前に移動し、ラフエントリーはより丸みを帯びる。ダウンウインドでのスピネーカートリムでは、ドラフト位置は50％か、それよりやや前になるようにセットしよう。

ツイーカー

スピンシートのリーディングアングルは、ツイーカーで調節する。

風向によってポールバックできれば、その分スピン全体が風上側に回ってくるので、リードの位置もより前寄りに。ポールフォワードになればスピン全体が風下側に回ってくるので、クリューの位置も後ろに移動する。ツイーカーを出してスピンシートのリード位置を後ろへずらす。

リード位置が前過ぎると（ツイーカーを引き過ぎていると）、クリューの位置は下がり、リーチは閉じてしまう。あるいは後ろ過ぎるとクリューは高く上がり過ぎ、これにスピンポールの高さを合わせると、スピン全体が高く上がり過ぎて投影面積が減ってしまう。

スピンシートは出せるだけ出す。つぶれかけたら引き、また出す。ラフが常につぶれかけている状態がいい

タックとクリューは同じ高さにセット。クリュー側はツイーカーで、タック側はポールの高さで調整する

スピン全体が高く飛ぶと投影面積が小さくなる。ツイーカーを引いてクリューの位置を押さえよう

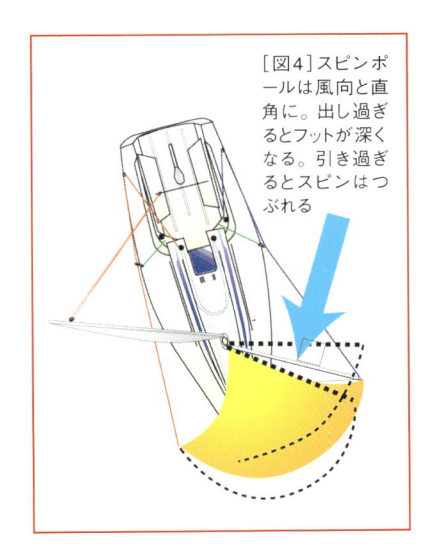

[図4]スピンポールは風向と直角に。出し過ぎるとフットが深くなる。引き過ぎるとスピンはつぶれる

スピンポール

スピンポールがふらふらすれば、スピンのトリムも安定しない。フォアガイをきっちり引き込んでスピンポールを固定しよう。

ただし、アフターガイやトッピングリフトを操作する時には、フォアガイも同時に操作しなくてはならない。なるべくクリートしないようにして、クルーが手で持っていたい。

フォアガイは、そのエンドをクリートし、クリートとデッキアイとの間を横に引くようにして持っていると、力をかけやすく、また出しやすくてよいだろう。

マスト側の付け根は、スピンポールがマストに直角になるように高さを調整する。直角ということは、タックまでの距離が最も遠くなる。

タックをマストから遠ざけることによって、スピネーカーの投影面積が増え、メインセールの影響も避けることができる。

とはいえ、手元で簡単に調整できるようにはなっていないので、あまりこまめに調整することはできない。

スピンポールはマストと直角に。マスト側の付け根の高さを変えて調節する

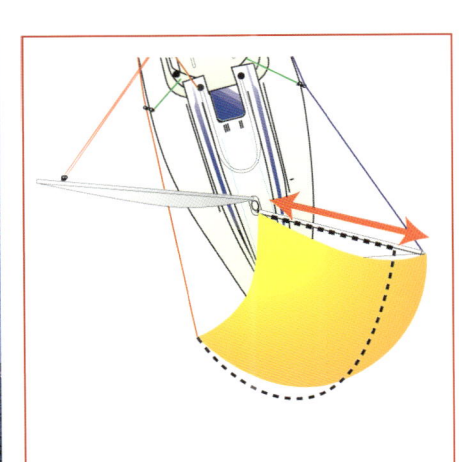

[図5]この間の距離をなるべく長くするためには、スピンポールはマストと直角にセットする

メインセール

　ランニングでは、メインセールにはうまく風が流れず、ストールしてしまっている。となると抗力を活かすため、投影面積を稼ぎたい。セール中央部分が風向と直角になるようセットしよう。

　バックステイを緩めてマストベンドをなくし、ドラフト量が最大になるようにする。カニンガムも当然オフ。アウトホールも緩めるが、緩め過ぎると投影面積が減ってしまうので注意しよう。

　ツイスト量はクローズホールド時（トップバテンがブームと平行）よりやや開き気味。トップバテンと第2バテンの中間あたりがブームと平行になるようにする。トラベラーは風下側に移動させるが、その作用範囲を超えているのでツイスト量はブームバングで調整する。

　最終的には、セールがスプレッダーやサイドステイに張り付いてしまい、セールカーブはメチャクチャになるが、ランニングでは揚力を得るというよりも、その抗力によってパワーを得ているので問題はない。

ヘルムコントロール

　クローズホールドでは、ラダーからも揚力を得るために適度なウェザーヘルムが必要であった（第1章参照）。しかし、ダウンウインドではセールにかかる力は主に進行方向に向いているので、キールやラダーから生じる揚力は必要ない。できればキールも取ってしまいたいくらいだ。

　したがって、ダウンウインドではヘルムが出ないような――つまり舵を真っ直ぐにした状態で直進するようにバランスを保つ必要がある。

　マストを後ろへ倒す（アフトレーキ）と、ウェザーヘルムが強くなる（第3章参照）。ダウンウインドではウェザーヘルムが出ないようにマストを起こす（マストフォワード）ようにする。プリベンドもなくなるので、メインセールは最大のドラフト量を持つことができることにもなる。

　具体的には、ランナー付きの艇ならヘッドステイに沿わせてジブハリヤードをステムに留めてテンションをかける。ヘッドステイはブラブラになり、マストは前に引かれる。当然、バックステイはブラブラだ。ランニングバックステイもマストの前傾に合わせて緩めてやる。

　マストのグルーブ側が真っ直ぐになる程度までランナーを緩めつつ、ジブハリヤードを引き込んでやろう。かなりのテンションになるので、注意して慎重に行いたい。ランナー、およびジブハリヤードのポジションが決まったらマークしておこう。

　モデル艇のようにランナーのないリグでは、そうもいかない。バックステイを緩めるくらいしかできない。その分、クルーウエイトに注意しよう。

　クルーウエイトは、風上に乗れば（アンヒールさせれば）リーヘルムが、風下に乗ればウェザーヘルムが出る。また微〜軽風では前寄りに乗ることで接水面積を減らし、強風時は後ろに乗ることでバウが波に突っ込むのを避け、サーフィングしやすくする。

　ヘルムスマンの動きをよく見て、船のバランスを考えながらウエイトコントロールしよう。

モデル艇ではスプレッダーが大きくスウェプトバックしているので、メインシートを出すとセールに当たってしまう。気にせず、投影面積が最大になるようにトリムしよう

微風のトリム

図6は真風速6ノット時のモデル艇のポーラーダイヤグラムだ。真風向140度付近で最大のVMGを得ることができる。

75ページに示した8ノット時のデータと比べると、さらにバウアップして走らなくてはならないことが分かる。僅かにバウアップするだけで見かけの風がぐっと増すのを肌で感じられるだろう。

ボートスピードは4.55ノットに達し、見かけの風はほぼ真横に回る。艇上ではアビームで走っているように感じるはずだ。しかし、真の風に対しては140度の角度で船は風下方向に着実に進んでいる。

風下に向かってはいるが、艇上では真横から風が吹いてくるので、セールトリムとしてはリーチングのトリムを行うことになる。

スピンポールは、ほとんどヘッドステイに接するくらいまで前に出る。スピンは艇の風下側に回り込み、そのぶんクリューも後方へ移動するのでツイーカーは緩め、またレイジーガイがあるなら外してなるべく軽くなるようにし、スピンをフライさせる。

微風用にシャックルのない細いシートを用意し、直接クリューに結びつけて使用することもある。この場合、風速が上がってきた時にノーマルシートへのチェンジが楽にできるよう、結びの輪は大きくし、結び目に手が届きやすいようにしておこう。

それでもクリューの位置は低くなるので、その分スピンポールも低くセットしなくてはならないはずだ。

メインシートも引き込み、深くてツイストを多めにして風を流し、揚力に期待しよう。

クルーは前寄りに乗って接水面積を減らし、また重心を下げて無駄な揺れを防ぐ。必要外のクルーは、キャビンの中に入ることも効果的だ。船を揺らさないように、アクションは小さく、忍者のように静かに行動しよう。

風の強弱はスピンシートトリマーが一番敏感に感じることができるだろう。シートにかかる圧力を常にヘルムスマンに伝えよう。

シートトリマーはシートに圧力を感じていないときは「ノープレッシャー」のコールをし、ヘルムスマンにバウアップを促す。スピードがつき、シートに手応えを感じるようになったら「プレッシャー！」のコール。コールと同時に、ヘルムスマンは僅かにバウダウンして高さを稼ぐ。落とし過ぎると、船は簡単に止まってしまう。舵を切ることで抵抗にもなる。ヘディング変化は最小限に留め、スピードを失わないように注意しよう。

船の揺れによってもスピンがつぶれる、あるいはつぶれたように見えることもある。スピンシートを引き過ぎないようにしよう。

こういう風域でのジャイビングアングルは、約80度と大きい。風の振れや全体的なプレッシャーに合わせてジャイビングのタイミングも重要になる。

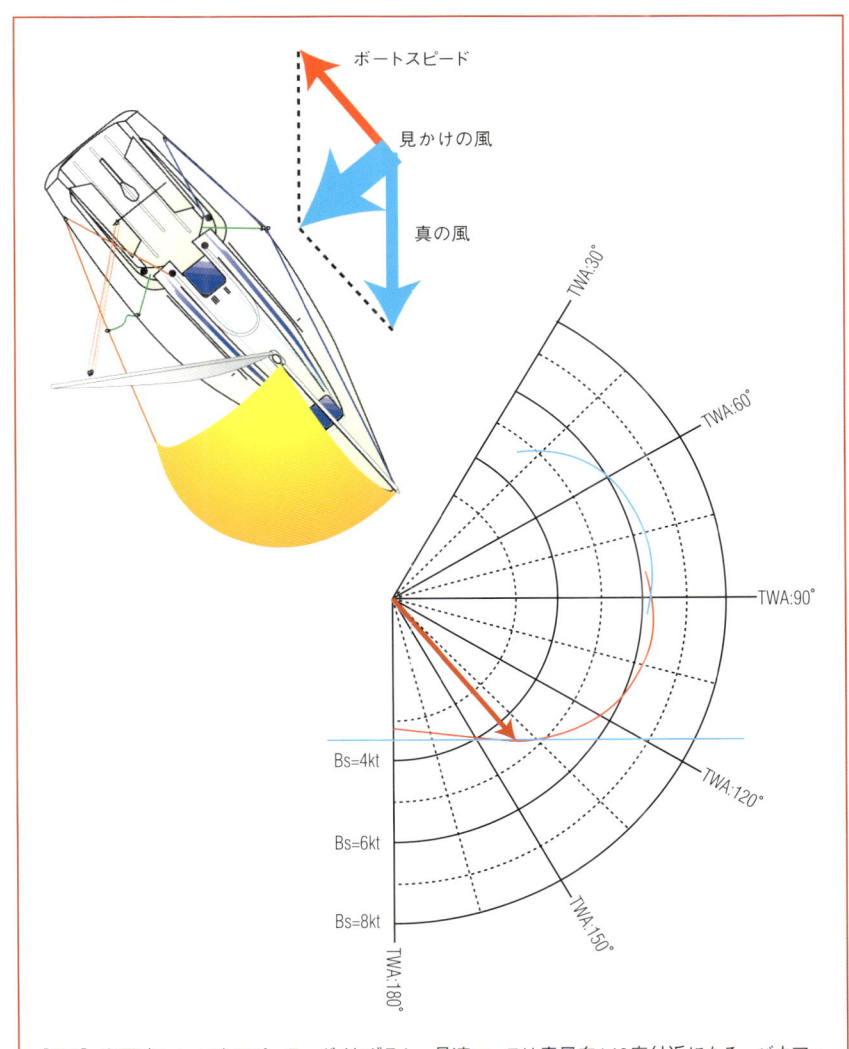

［図6］真風速6ノット時のポーラーダイヤグラム。最適コースは真風向140度付近になる。バウアップすることでボートスピードは上がり、見かけの風は前に振れる。ほぼアビームの状態になるが、これでも風下に向かって走っている

中風のトリム

　図7は、真風速8ノットから14ノットまでのポーラーダイヤグラムを重ねてみたものだ。風速が上がるに連れて最大VMGを稼ぐアングルは徐々に風下側へ回っていく。それだけ落として走ることができるのだ。

　特に、真風速（TWS）10ノットから12ノットでの変化が大きい点にも注目したい。中風域のダウンウインドでは、僅かの風速変化によって、最適アングルが大きく変わるのだ。中風域のダウンウインドは、最適VMGアングルを追い求める走りとなる。

　しかし、風速の変化とヘディングの変化により、見かけの風向も大きく変わる。加速してボートスピードが上がれば見かけの風はさらに前に回るし、ボートスピードが落ちれば見かけの風も後ろへ回る。実際に風速が落ちているのか、ボートスピードが上がっているために風速が落ちたように感じるのかも分かりにくくなる。高いVMGを得るために、最適な真風向を目安にして走るのは、きわめて難しい。

　そこで、ダウンウインドでもアップウインド同様、ターゲット・ボートスピードという概念を用いて走る（第6章参照）。

　使い方はアップウインドの逆だ。仮に、真風速10ノットでのターゲット・ボートスピードを5.83ノットと設定したら、艇速が5.83ノットをオーバーしたとしても、単に喜んではいられない。上りすぎで高さを損していると考えてバウダウン。ターゲット・ボートスピードを維持したまま高さを稼ぐ。もちろん、ここでいう高さとは風下マークへ向かう高さであるから、低さと言ってもいい。ボートスピードを維持したままマークへ向けていく。

　逆に艇速が5.83ノットに満たない場合は、バウアップしてスピードを付ける。見かけの風も増し、艇速はすぐに回復するはずだ。ターゲットに達したところで、そのスピードを失わないようにバウダウンしてマークに近づける。

　このようにターゲット・ボートスピードという概念を用いることで、VMGマックスであろう角度を維持して走ることができる。

　真風速の変化にともなってVMGマックスを達成するべく最適アングルが変われば、見かけの風向も変わってくる。見かけの風向の変化にともなってバウダウンしたら、ポールもバックしてスピンシートも出す。バウアップしたらポールもフォワードで、スピンシートは引く。

　ヘルムスマンとスピンシートトリマー、そしてガイトリマーらの連携が重要だ。

　風が安定しない微風時に比べ、真風速の変化はそれほど大きくはないかもしれない。しかし、僅かの真風速の変化でも、最適VMGを得るためのアングルが大きく変化するのが、中風域でのスピンランであるということを忘れないでおこう。

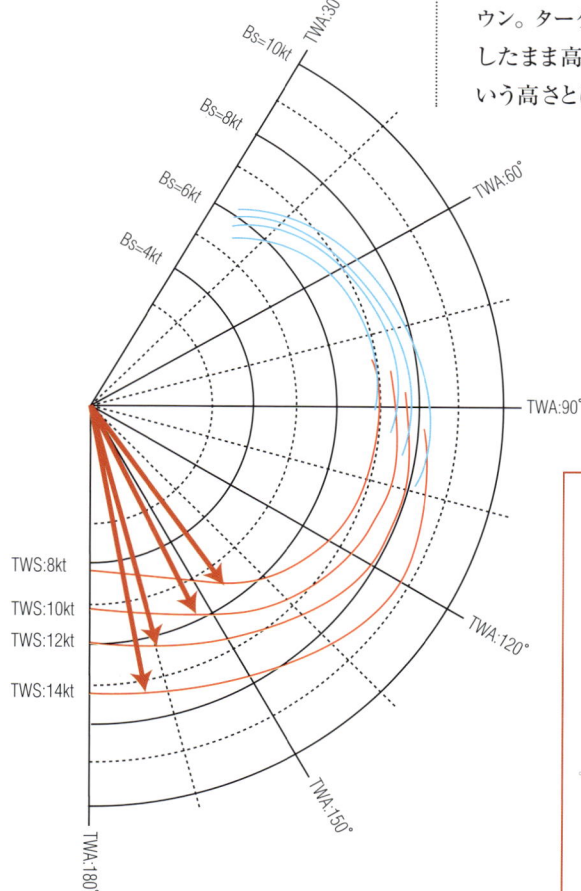

[図7]中風域では、真風速（TWS）の変化にともない、最適アングルも大きく変化する。見かけの風も大きく変わるので、トリムもそれに合わせて変わっていく

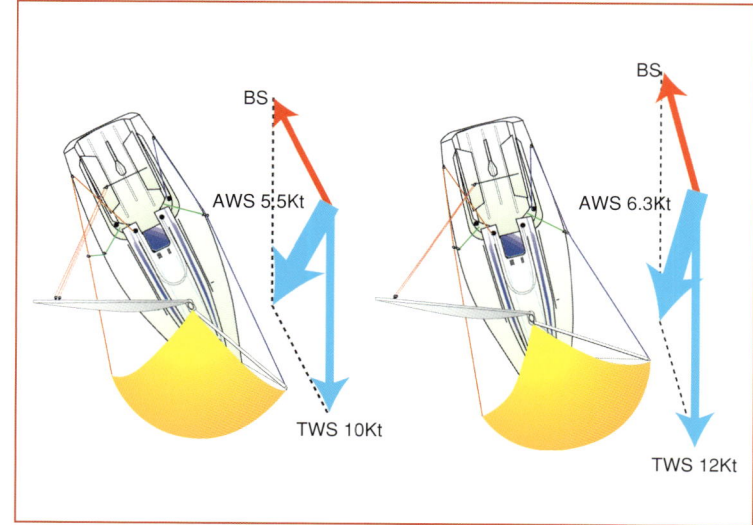

ベロシティーヘッダー

　見かけの風は、実際に吹いている風（真の風）とボートスピードによって生じる風が合成されたものだ。

　セールトリムは直接セールに当たる風に合わせて行うわけだから、見かけの風が基準になる。

　今ここで、急に風速が落ちた場合を考えてみよう。風速が落ちてもボートスピードは急に落ちない。ヨットは、しばらくはそのままの勢いで走り続けることになる。

　となると、真風速が落ちているにもかかわらずボートスピードはそのままなので、見かけの風は前に回る。艇上では風向が前に振れた（ヘッダーした）ように感じることになる。

　この現象をベロシティーヘッダーと呼んでいる（図）。

　真風速が落ちているのだから、ボートスピードもほどなく落ちる。となると、見かけの風も後ろへ回る。

　ベロシティーヘッダーでスピンが潰れることもあるが、戸惑わないようにしよう。

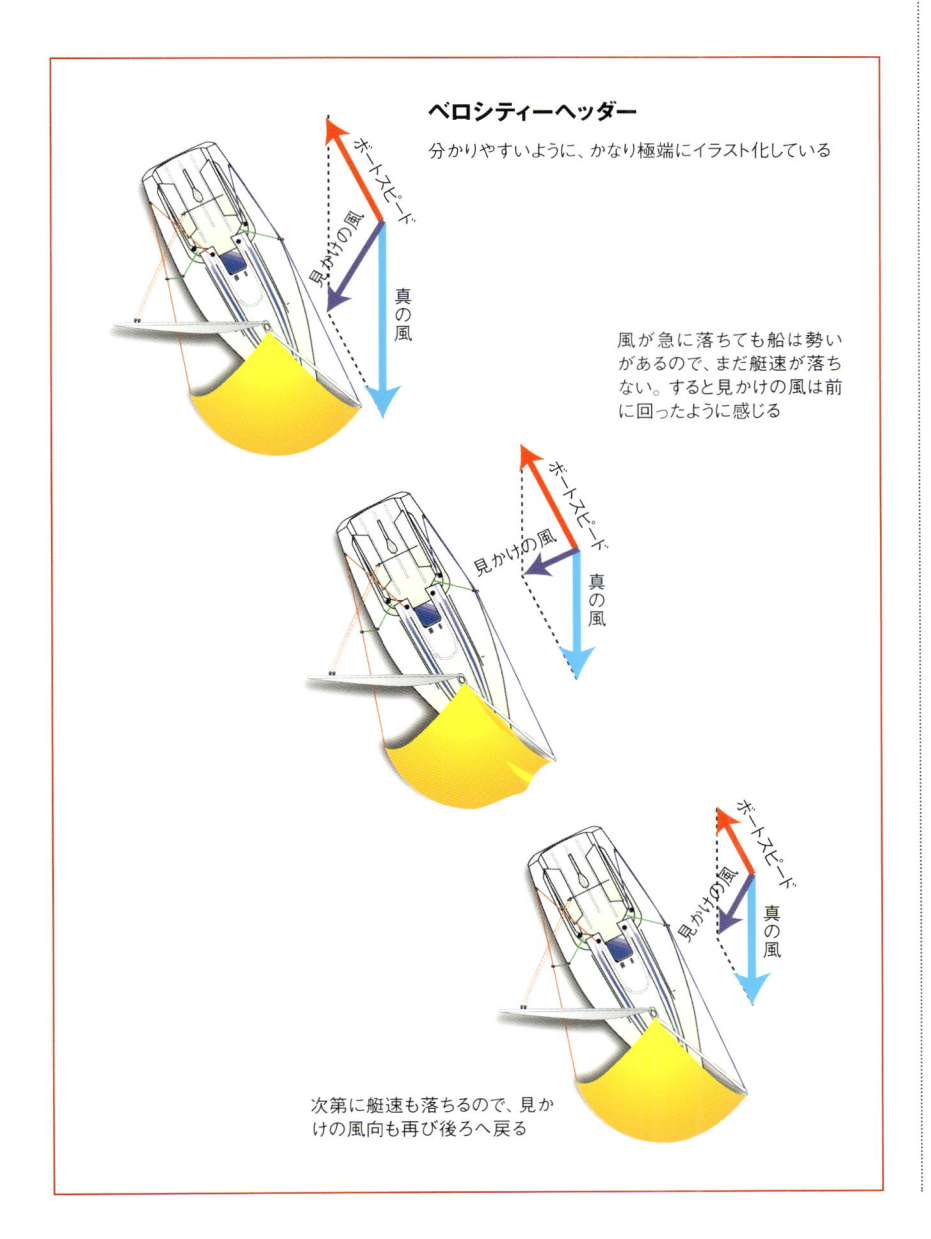

ベロシティーヘッダー

分かりやすいように、かなり極端にイラスト化している

風が急に落ちても船は勢いがあるので、まだ艇速が落ちない。すると見かけの風は前に回ったように感じる

次第に艇速も落ちるので、見かけの風向も再び後ろへ戻る

ハルスピード

　船が水を押しのけて走る場合、その水線長によって終端速度が決まってくる。これを超えると造波抵抗が急激に大きくなってしまうのだ。これをハルスピードと呼んでいる。

　ハルスピードは、$\sqrt{\text{水線長(ft)}} \times 1.34$で求められる。

　全長ではなく、水線長に関係してくるので一概には言えないが、全長33ftクラスのヨットなら7.5～7.7ノットあたりになる。

　ハルスピードは貨物船のように水を押しのけて走っている場合の話だ。モーターボートは、大きなエンジンのパワーによってハルスピードを超えて滑走する。これは、水を押しのけて走っている状態ではない。

　ヨットでも、ハルスピードを超えて走るには、大きなパワーを必要とする。

　風速が上がり、ハルスピードに近づくと、多少上らせて見かけの風速を上げてみたところで、スピードはなかなか上がらない。ハルスピードを超えるには非常に大きなパワーが必要なのだ。

　モデル艇の場合、真風速が16ノットを越えたあたりですでにハルスピードに近い。ここでは、さらにスピードアップを考えるよりも、落としてマークに近づけた方がVMGは稼げるということだ。

強風のトリム

　モデル艇のヤマハ33S設計データによれば、真風速20ノットでは真風向172.8度でVMGが最大になり、その時の艇速は8.158ノットに達する。すでにハルスピードを超えている。

　風速が上がってくると、セールが受けるパワーは十分となり、揚力に期待することなく、ほぼマークに向けて走ることができるようになる。

さらにバウダウンするとバイザリーの状態になり、風はメインセールのリーチからラフへと流れることになる。

サーフィング

強風のダウンウインドでは、波に乗せると、さらにスピードアップを図ることができる。サーフィングだ。

波は後ろからやってくる。波が越えていった時に若干バウアップして加速し、次の波に乗り始めるタイミングでバウダウンして波に乗せる。船は、波の斜面を駆け下りるようにしてハルスピードを超えていく。

波に乗る瞬間にメインシートを引き込んでパンピングし、さらにサーフィングのきっかけを与えてやろう。あるいはバウダウンの際にスピンポールを大きく引き込み、スピンシートも引き込んでパンプすることもある。

波に乗るとボートスピードが増し、見かけの風は前に回る。スピントリムも見かけの風に対応していこう。

ブローチング

さらに風速が増してくると、ボートスピードを上げるというよりも、ブローチングしないように走り抜くということも重要になる。

波に乗る時、バウが沈むと水面下の抵抗中心が前に移動し、ウェザーヘルムが増大する。この時、船が風上に切り上がり始めるとヒールし、さらにウェザーヘルムが増す。こうなると舵を切っても利かなくなる。最後は横倒しになってしまう。

逆に、大きくポールバックしているとリーヘルムが強く出て、ワイルドジャイブして風上側（ワイルドジャイブ後の風下側）に横倒れしてしまうこともある。大きくポールバックしてスピンを展開していると、風上側の風圧が強くなるからだ。

どちらにしても、まずはクルーウエイトに気を付けること。船のバランスをよく考え、必要なら全員後ろに乗るようにする。

風上に切り上がり始めたら、メインシートを緩めてもブームエンドが水をすくい、風は抜けない。早めにブームバングを緩め、リーチを開いて風を逃がしてやろう。そのため、クルーはブームバングから手を離さないようにしたい。

手遅れになったらスピンシートも緩めるが、この時アフターガイも緩めてしまうと最悪の事態になるので注意。

逆に、バウが風下側に行きそうになったら、まずはメインシートを煽りウェザーヘルムをつける。あるいはポールフォワードでスピン自体を風下方向に回していこう。

いずれも、強風下ではセールが受ける風圧と船体が受ける水圧とのバランスを取ることが重要だ。

バックアップスピン

強風下でも、ボートスピードが出れば出るほど逆に見かけの風は弱くなる。軽く、抵抗の少ないレース艇では、スピンにかかる力はそれだけ弱くなり、

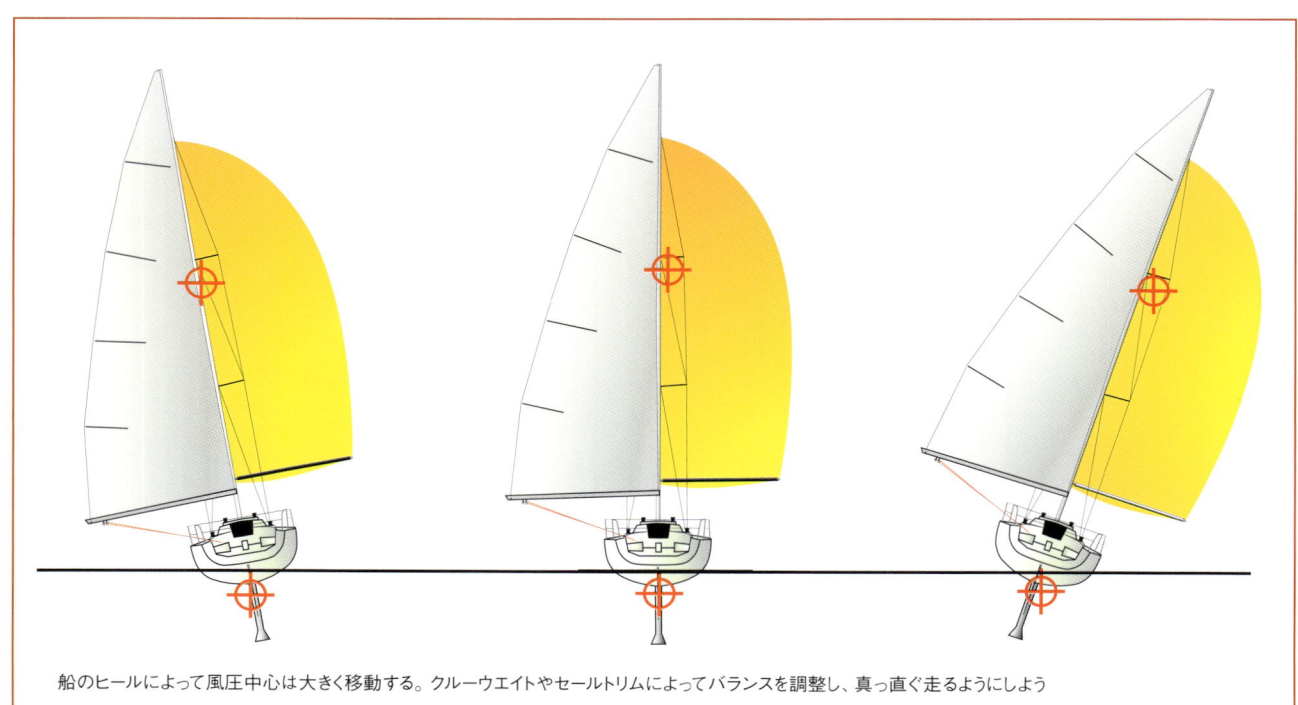

船のヒールによって風圧中心は大きく移動する。クルーウエイトやセールトリムによってバランスを調整し、真っ直ぐ走るようにしよう

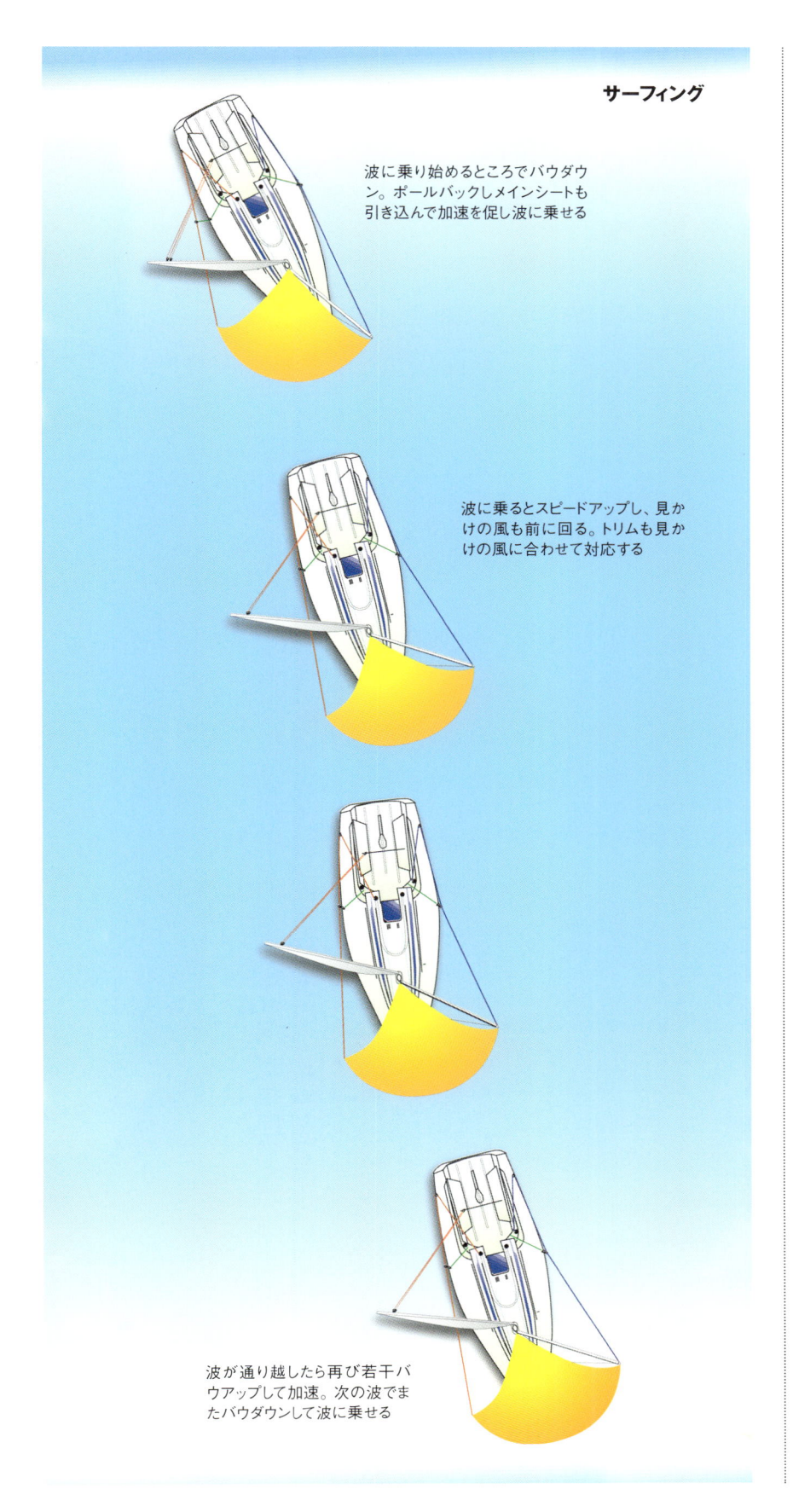

サーフィング

波に乗り始めるところでバウダウン。ポールバックしメインシートも引き込んで加速を促し波に乗せる

波に乗るとスピードアップし、見かけの風も前に回る。トリムも見かけの風に合わせて対応する

波が通り越したら再び若干バウアップして加速。次の波でまたバウダウンして波に乗せる

大型艇でも0.75オンスのスピンでかなりの強風まで使うことができる。

しかし、いったんスピンがつぶれて艇速が落ち、その後いきなり風をはらんだ時にはスピンに大きな力がかかる。そのとたんにバーストすることがある。また、小さな切れ目があっても、強風下では一気にバーストに至ることもある。

強風下では、今展開しているスピンがバーストしてもすぐにバックアップできるように、次のスピンをデッキに出しておこう。もちろん、交換の段取りも話し合っておきたい。

超強風下のラン

さらに風が強くなってきたら、スピンはあきらめてジブで走る。風速何ノット以上で、とはいえない。波の状況にもよるし、チームの技量にもよる。他艇が高速で走っているだけに、ブローチングで船を止めてしまうと、その差は大きなものになる。リスクが大きくなったと感じたら、無理せずジブで走ることも考えよう。スピードよりも、安定した走りを心がけた方が最終的には良い結果を生むこともある。

ただし、何事も挑戦しなければ上達はない。チャンスがあれば勇気をもって強風下のスピンランを経験しよう。リーチング時に比べれば、かなりの強風でもスピンで走りきれるはずだ。事故や怪我には十分に注意し、チームの総合力を上げていこう。

さらにド強風になったら、いよいよサバイバルモードに突入だ。船を壊さないように、スピードよりもフィニッシュすることを考えよう。

トラブルに繋がる僅かな兆候も見逃さないようにクルー全員で目を光らせ、一つ一つに対処していく。これはこれで競うべき技術である。

リーチング
CHAPTER 9

リーチングとは、船の舳先がマークに向いている状態だ。船はマークへ向けて真っ直ぐ走り、風の変化に合わせてセールをセットしていく。

第3の走り、リーチング

一般的なヨット入門書では、風向によってクローズホールド、アビーム、ブロードリーチ、ランニングに分けて解説している。

しかし、これまでに解説してきたように、走るヨットの上では"真の風向"と"見かけの風向"は大きく異なる。見かけの風がアビーム（真横から吹く）だとしても、真の風向に対してはかなり落として走っているのだ。アビームで走ってアビームで帰ってくると、元の場所には戻れない。次第に風下に行ってしまう。

特に風が弱い時には、真の風向に対してブロードリーチの状態にあっても艇上では風は真横から吹いている。つまりアビームになっていることもある。これも、これまで解説してきた。図1のように図示しようとしても、風速や艇種によって見かけの風が異なり、きわめてアバウトにしか描けないのだ。

ここでは、アビームとかブロードリーチといった、これまでの一般的な解説は忘れ、目的地にヘディングが向いている状態をすべてリーチングとして解説していこう。

ブイ回りのインショアレースでは、リーチングのレグは少ない。が、本書の読者であるクラブレーサーが参加する機会が多いであろうオープンヨットレースなどでは、行きも帰りもリーチングというケースは多い。

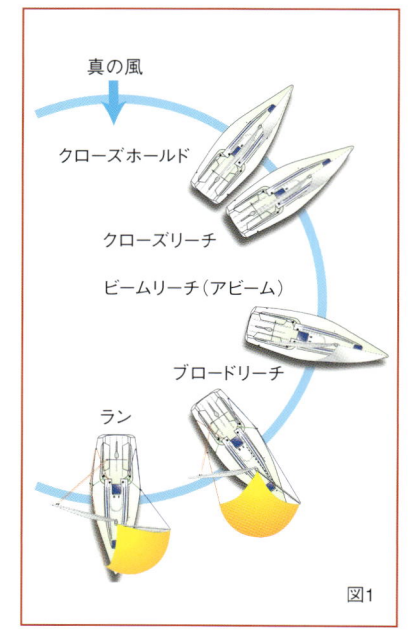

図1

これまで解説してきたアップウインド、ダウンウインドに比べて勝負の要素は少ないかもしれないが、リーチングは特にクラブレーサーにとっては重要な走りになるのだ。

スピネーカーかジブか？

リーチングには、スピネーカーが使える場合（スピンリーチング）と、使えない場合（ジブリーチング）がある。その境目はどのあたりにあるのだろうか。

図2はこれまでにも何度か出てきたモデル艇（ヤマハ33S）のポーラーダイヤグラムだ。水色の線がジブを使ってのパフォーマンスで、それぞれの真風速に対するボートスピード（Bs）を表している。赤線がスピンを使ってのパフォーマンスになる。

真風速（TWS）8ノット時には、真風向（TWA）85度付近で両者が接する。つまり、このあたりを境目にして、より上るにはジブの方が速く、より落とすならスピンの方が速い。

ちなみに、その時の見かけの風向を図示すると図3のようになる。見かけの風向は約45度と、かなり前からの風であることが分かる。

これより落としてジブで走り続けると、パワー不足を感じる。この限界角度は、風速が上がるとしだいに後ろへ回る。真風速14ノット時にはスピンかジブかの転換角度は真風向98度付近になる。この時の艇速は約8.3ノット。見かけの風は約67度、15ノットになる。スピンを展開したままこれ以上風上に上ると、スピンははらんでいるようだがヒールするばかりでスピードには繋がらない。

スピネーカーが揚がらない場合

まず、スピネーカーが揚がらない場

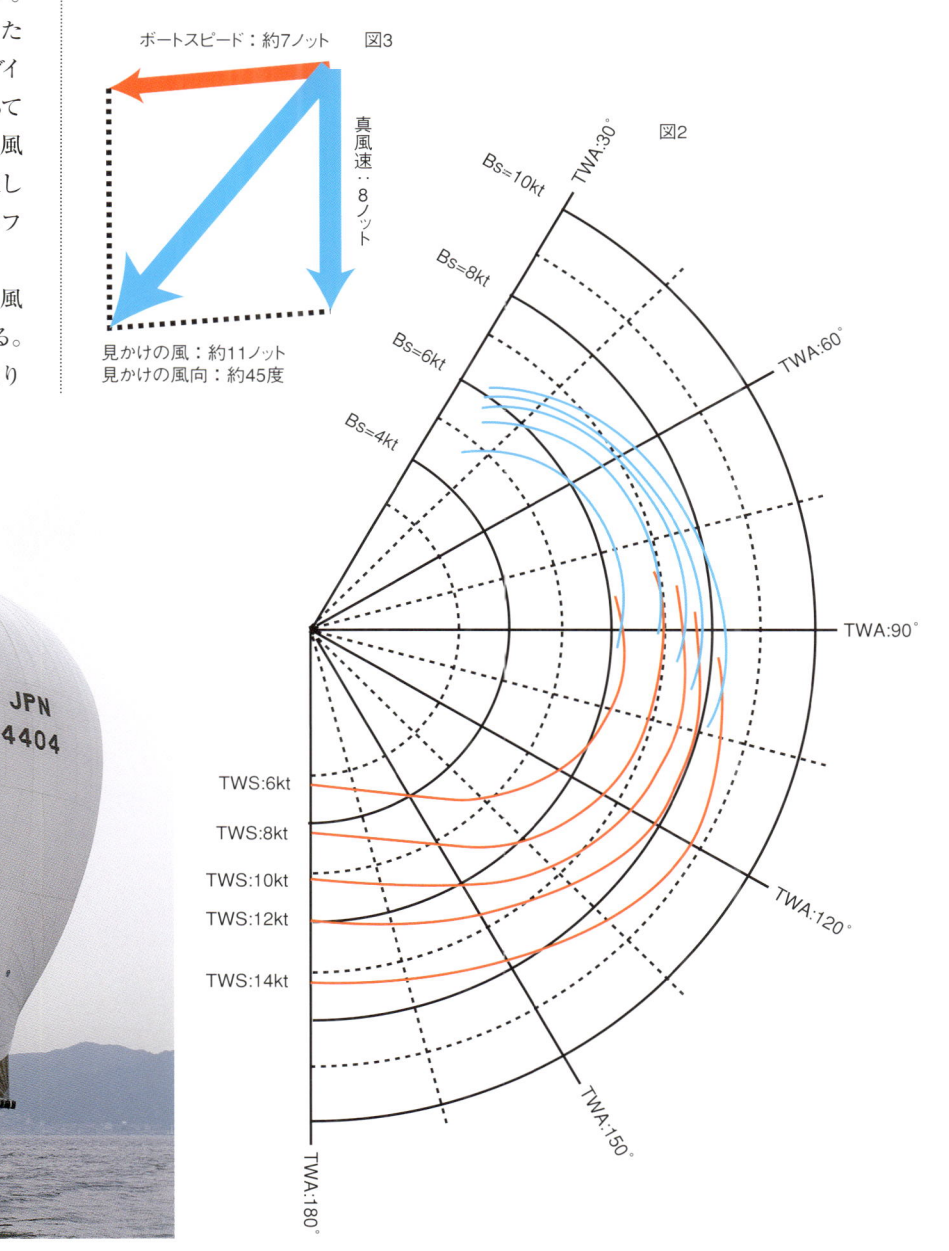

合を考えてみよう。
　リーチング専用のジブもあるが、普通はアップウインド用のジブで走ることになる。風が横に回るにしたがってジブシートを出し、シーティングアングルを変化させる。船の向きは一定なので、シーティングアングルを変化させてアタックアングルを一定に保つということだ。

ジブシート

　クローズホールドでは、ヘルムスマンがテルテールを目安にラダーを切ってアタックアングルをコントロールしていたが、目標が目の前にあるリーチングではヘルムスマンは目標に向けて舵を切っている。アタックアングルはジブトリマーがジブシートの出し入れで調節する。
　風が後ろへ回ればシートを出し、前に回ればシートを引く。目安はテルテールだ。
　ここでは上り角度は必要ないのだから、パワーモードで、すなわち風上、風下のテルテールがきれいに流れる状態が目安になる。

ジブシートリード

　ところが、ジブシートを出すとアタックアングルが変化すると同時に、リーチのテンションも抜けてしまう。ある程度以上バウが落ちてくると（風向が後ろへ回ると）、ジブシートを出しただけではツイスト量が大きくなりすぎてしまうのだ。
　適正なリーチテンションを保ってシーティングアングルを広げるためには、ジブシートのリーディングポジションを外側に移動する必要がある。
　具体的にいえば、あらかじめガンネル部にパッドアイを設けてブロックを取り付けられるようにし、なるべく外側からシーティングできるように工夫しよう。この状態で突然タッキングすることは

ジブシートの外取りの例。パッドアイやアフターガイなどを利用して、なるべく外からシートをリードする。風が前に回るかもしれないので、すぐに元に戻せるようにしておくのも重要だ

まずないだろうから、新たにシートを用意するまでもなく、風下側ジブシートのエンドを用いても問題ない。あるいはアフターガイを利用してもよい。
　トリムは、ラフのテルテールがきれいに流れるように。上から下まで、同時に乱れ始めるようにツイスト量を調節する。

メインセール

　メインセールは、パワー重視のセッティング、つまりバックステイを緩めてマストベンドを減らしドラフト量を増やす。
　リーチテンションは、トラベラーの可動範囲内ならトラベラーとメインシートで。それより外ならブームバングで調節し、メインシートでシーティングアング

ルを調節しよう。
　リーチテンションはダウンウインド同様、アップウインド時よりもやや開き気味にする。トップバテンと二番目のバテンの中間部分がブームと平行になるくらいを目安とし、リーチリボンがきれいに流れるようなトリムにする。
　クローズホールドからリーチングに移ると、とかくヒールを起こすことに対して油断しがちだが、ここでもヒールをさせないことは重要だ。しっかりハイクアウトしよう。
　また、ブローの中ではメインシート、あるいはブームバングを緩めてオーバーヒールしないように注意する。特に強風下では、クルーはいつでも操作できるようにブームバングを手放さずにいたい。

通常のリード位置ではフットが非常に深くなり、クリュー部で風が堰き止められてしまっている。そのわりにはリーチは開いてしまい、セール上部の風が逃げている

ジブシートのリード位置を外側に移動させることにより、リーチにテンションが入り、ジブの上から下まで効果的に前進力として利用できる

外から見たところ。リード位置が内側すぎるのでメインセールとのスロットも閉じてしまっている

外取りにすることでスロットも適正に保たれる。こうしたレグはこのまま長く続くことが多いので、手間を惜しまないようにすること

スピネーカーが揚がる場合

ダウンウインドでは最高のVMGを目指して走ってきた。目的地にバウが向く場合でも、さらに上ってスピードを稼ぎ、VMGをアップさせていたのだ。

VMGがマックスになる角度は風速によって異なるが、ここで目的地（マークや回航点）がVMGマックスの角度よりもさらに風上にある場合の走り、これがスピンリーチングだ。

当然ながら、バウを目的地に向けて走るので、スピントリムは見かけの風向に従ってトリムしていくことになる。

基本的なスピントリムは、第8章で解説したダウンウインドのトリムと同じ。

○スピンポールは風向と直角
○スピンシートは出せるだけ出す。潰れたら引く。引いたら出す。
○タックの位置とクリューの位置は同じ高さ。
……以上の3点だ。

微風時

微風時のVMGマックスは、かなり高い角度になる。これより高い位置に目的地がなければリーチングにはならないことになる。目的地がさらに風上にあれば、今度はスピンは揚がらずジブで走ることになるわけで、微風時のスピンリーチングは意外と少ない。

ヤマハ33Sでは、真風速6ノットのVMGマックスは真風向140度。これ以上風上に目的地がなければリーチングにはならない。真風向140度でも、見かけの風向はほぼ真横から吹いていたわけだから、これより上れば、デッキ上で感じる見かけの風向は、かなり前から吹いてくることになる（写真下）。

どうしてもスピンで上らなければならない時には、ジブのトリムを思い出してみよう。ラフのテンションを緩めることによって、エントリーはシャープになり、より角度を稼げた。スピンのトリムも同様に、ポールの位置を少し高めにしてエントリーをシャープに、ドラフト位置を後ろに移動させてみよう。ヒール力は大きくなるが、その分高さを稼ぐことができるようになる。

スピンポールが前に出ると、その分スピンシートのリード位置は後ろへずれる。ツイーカーを出してリーチを開いてやろう。ポールの位置を下げれば、さらにリーチは開き、ドラフトポジションは前に移動する。強風時には有効だ。逆にポールを高めにすればエントリーがシャープになり、上り角度を稼げる

強風時

　強風時はずいぶん雰囲気が違ってくる。これまで見てきたダウンウインドの走りでは、強風時にはバウダウンして、いわゆるランニングの走りをしていた。

　それより上るということは、スピンパワーの少なからぬ部分がボートをヒールさせる力になってしまう。そこで、強風時は逆にスピンポールの位置を低めにセットし、ラフのテンションを強くする。エントリーはより丸みを帯び、ドラフト中心が前に移動することによってヒール力は減る。おまけにリーチは開き、メインセールとの隙間（スロット）は広がる。

　もちろんシートは出せるだけ出す。ただし、スピンが潰れてしまうと、次に風をはらんだ時の衝撃も強い。スピンを破らないように注意しよう。

　また、アフターガイを出し過ぎ、ポールがヘッドステイに当たってしまうと、スピンポールの破損、リグの破損といった深刻なトラブルにも繋がる。ブローチングの時にも、アフターガイは絶対に出さないようにしよう。

ブローチング

　ブローを受けてオーバーヒールしてしまうと、そのまま過大なウェザーヘルムでバウは風上に持っていかれてしまう。ブームエンドが水に浸かって風が逃げず、船は完全に横倒しになる。すると、スピンも水中に入って船はなかなか起きなくなってしまう。他艇は高速で突っ走っているわけだから、こうしたロスは挽回が難しい。

　ブローではスピンシートを出してパワーダウンしよう。メインシート、ブームバングもすぐに出せるように準備しておく。とくにブームバングは重要だ。先に挙げたような理由から、この状況で

乗艇位置にも注意したい。風が強くなるにつれてヒール力も大きくなっていく。その分ハイクアウトしてヒールを潰す。またバウが突っ込むとウェザーヘルムが強くなる。なるべく後ろに乗ることでウェザーヘルムを軽減させよう。バウマンはスターンパルピットまで下がることもある

ウェザーヘルムを減らすには、ブームバングを大きく緩める必要がある。

　当然、乗員も風上側でハイクアウトし、またウェザーヘルムを減らすために、なるべく後ろに乗る。

　横倒しになってしまったら、ガイとシートは飛ばさず、ハリヤードを大きく緩めてスピンを回収するのがもっとも早い復帰方法となる。

バックアップの準備

　強風下で無理してスピンリーチングを続けても、ブローチングの危険が増すばかりで、スピードよりもギアのトラブルに繋がって、レースそのものをリタイアしなくてはならないケースに発展することも考えられる。

　無理せず、早めにジブに替えよう。スピードの低下はそれほどでもなく、スピンより遙かに安定して走れるはずだ。

　そのためにも早い段階からジブはオンデッキに準備しておき、すぐに展開できるようにしておきたい。いよいよ風が強くなってくると、バウマンが前に行っただけでもブローチングしてしまう。

VMC
Velocity Made Good on Course

　リーチングのレグではヘディングをマークに向けて……と説明したが、実際にはそうでない場合がある。

　アップウインドで風上方向の速度成分をVMGと呼ぶことはすでに解説してきたが、マークへ向かう速度成分をVMC（Velocity Made Good on Course）という場合がある。GPSの表示に出てくるVMGは、このVMCのことを指す場合が多い。

　これまで見てきたパフォーマンスカーブを見ればあきらかなように、僅かにバウダウンして増速することにより、マークへより近づく──つまり、より高いVMCを達成できる場面もある。

　オープンヨットレースや島回りのレースなどでよく見られる、片上りに近い長いリーチングのレグを例に見てみよう。

　風が前に振れて上りきれなくなるのを避けるため、最初から上り気味に走っておこう、というのはありがちな判断だ。

　しかし、図を見てもあきらかなように、逆に僅かに（ここでは10度くらい）落としぎみに走った方がマークにずっと近づくことができる。

　仮に、ここで風が右に振れたとしたら、「風の振れる方に位置せよ」というセオリーにより、右海面にいる赤艇、つまり落として走っていた艇が有利になる。もしも真上りになってしまった場合を考えれば分かりやすい。風向に対し、直角な梯子（右上図）でその位置関係を判断することができる。

　逆に風が左に振れたらどうなるか。ダウンウインドでは「風の振れと反対側に位置せよ」というセオリーにより、やはり右海面にいる赤艇が有利になる。

　もちろん、青艇のみが上りきれる程度の振れがあった場合には、タッキングなしに目的地にたどり着くことができた青艇が有利になるが、確率的にはどちらが多いか、図からも分かると思う。

　これは、セールトリムというよりも戦術、戦略の問題だが、オープンレースなどではこういうシチュエーションは少なくない。頭に入れておこう。一見退屈な長いリーチングのレグにも、それなりの勝機や駆け引きはあるのだ。

　この場合のポイントは、ヘディングを落とした分だけスピードを付けるということ。つまり、きちんとしたセールトリムが行われていないと、落とした分だけ損をするので注意しよう。

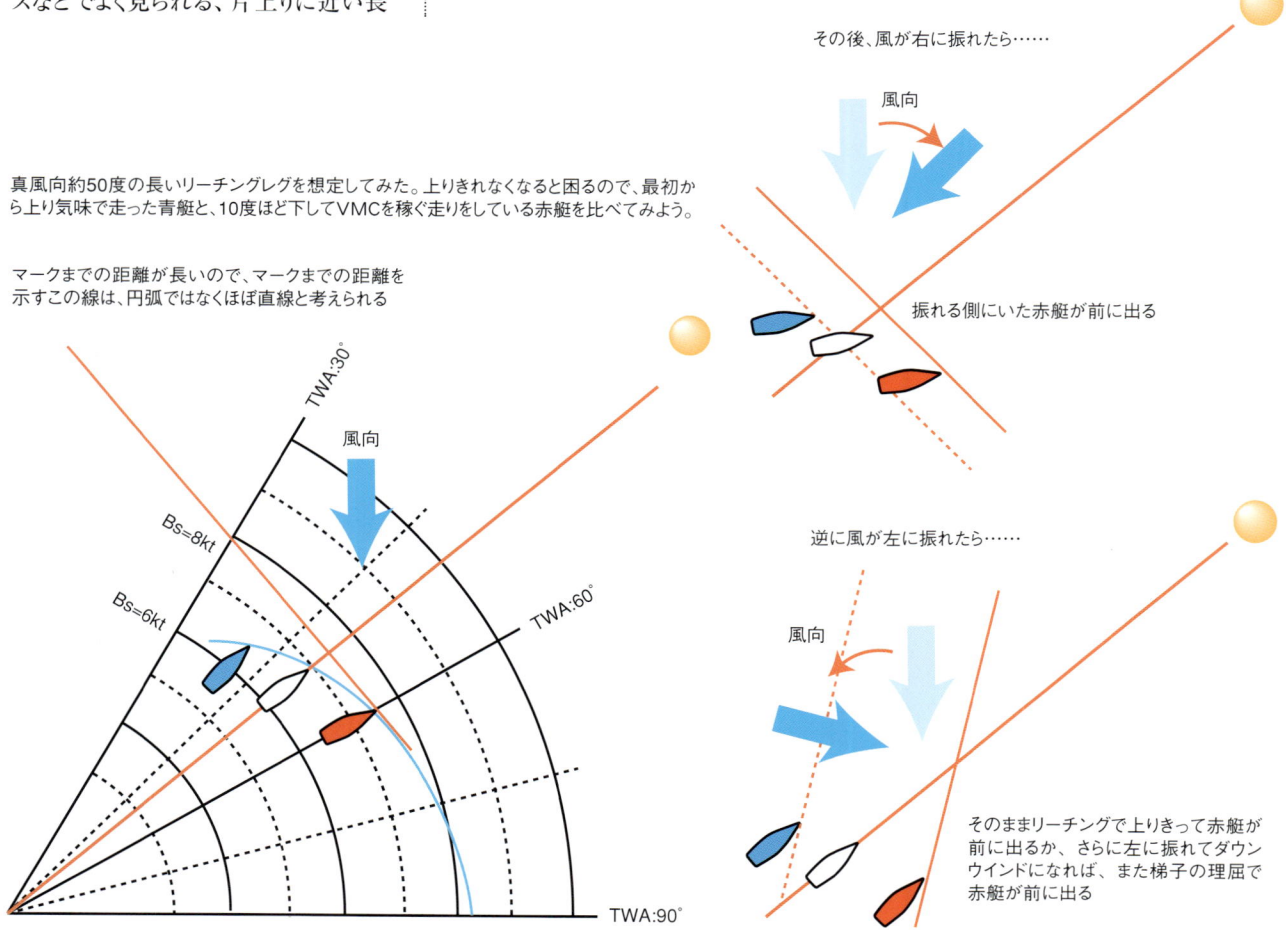

真風向約50度の長いリーチングレグを想定してみた。上りきれなくなると困るので、最初から上り気味で走った青艇と、10度ほど下してVMCを稼ぐ走りをしている赤艇を比べてみよう。

マークまでの距離が長いので、マークまでの距離を示すこの線は、円弧ではなくほぼ直線と考えられる

その後、風が右に振れたら……

振れる側にいた赤艇が前に出る

逆に風が左に振れたら……

そのままリーチングで上りきって赤艇が前に出るか、さらに左に振れてダウンウインドになれば、また梯子の理屈で赤艇が前に出る

ジェネカーのトリム

スピンポールを用いず、バウスプリット（バウポール、ガンポール）からジェネカー（非対称スピン）を展開するスポーティーなボートが出てきている。

ジェネカーのトリムも解説しておこう。

通常のスピンと異なり、バウスプリットから展開されるジェネカーでは、当然ながらポールバックはできない。見かけの風が後ろへ回るにしたがってポールバックするというのがスピントリムのセオリーであったが、それができないわけだ。そのため、常にバウアップしてジャイビングを繰り返しながら走ることになる。

これまで述べてきたように、バウアップしてスピードを付けると見かけの風は前に回る。スピードが付けば、その分、バウダウンして走ることができる。

当然ながらVMGアングルを意識して走ることが重要だ。

スピンシート

スピンポールがないから、ガイもトッピングリフトもない。トリムは、スピンシートとタックラインを用いる。

シートトリムの基本はスピントリムと同じで、シートは出せるだけ出すということ。タックが固定されているとはいえ、ジブに比べれば潰れやすいので、シートも引き気味になってしまうことが多いので注意しよう。

見かけの風が前から吹いている場合は、タックラインは引いて、タックとバウスプリットが接する状態に。スピンシートもかなり引き込まれた状態になるだろう。ジブに近い雰囲気だ。

タックライン

風が後ろに回るにつれて、スピンシートも出るようになる。スピンが潰れるまで出そう。潰れそうになったら引き、引いたら出す。

さらに風が後ろに回ったら――つまり、風速が上がってバウダウンできるようになってきたら、タックラインを出してやる。

スピンに十分風が入っていれば、タックは上に揚がり、メインセールの影響を受けにくくなるはずだ。ここでタックが風下側に流れるようならタックラインを引き、風上サイドに引き戻そう。

ジャイビング

ジェネカーでのジャイビングは、ジブと同様、内側を回すか、大外を回すかの2通りがある。ジブと同じように内側を回すといってもジブでのジャイビングと異なり、ヘッドステイとの間を通さなくてはならない。船のサイズにもよるが、軽風以下なら内側を、中風以上の風域では大外を回すのが基本だ。いろいろ試してみよう。

タックラインは、スピンタックが風下に流れないようなら出して、スピンを高く、風上側に展開するようにする。スピンシートは、通常のスピンシート同様、潰れる寸前まで出す。潰れそうなら引き、また出す。常にトリムし続けよう

実践ヨット用語集

ヨット用語は難しい。普段は聞き慣れない用語も多く、おまけに英語と日本語が入り交じってしまっている。

さらには日本語化したカタカナ語もある。海事用語には、大昔に日本に入ってきた英語がなかば日本語化して、通例的に用いられているものも多い。たとえば、一等航海士は英語では「チーフオフィサー」だが、日本の船の上では「チョッサー」と、ほとんど日本語のように使われていたりする。ヨットの世界でも、同様の用語や用法は多い。

そこへ、近年のヨットの国際化によって外国人セーラーとの交流も多くなり、最新技術が本来の英語とともに流入し、それがまた米国系と英国系では用法が異なっていたりする。おかげで、さらに混乱している部分も少なくない。

ヨット解説本を読む時に一番戸惑うのは、こうした用語の意味かもしれない。そして、解説本を書く側にとっても苦労するのが用語統一なのだ。

ここでは、本編で説明できなかったヨット用語についてまとめてみた。日本での通例に加え、英語本来の意味を「THE SAILING DICTIONARY」から、また海外での最新の通例として、米国のボート用品通販会社「WEST MARINE社」のカタログを利用してチェックしてみた。さらに、「ジーニアス英和大辞典」(大修館書店)も参考にした。

「なんか、ちょっと違うな」という部分もあるかもしれないが、言葉というのはあやふやなものでもある。各艇の中でしか通じない用語用法もあるかもしれない。それはそれで、チームワークを高める一つの形であり、そんなところもヨットの楽しみなのかもしれない。

アールアールエス　RRS
The Racing Rules of Sailing。国際セーリング連盟(ISAF)が定めたヨットレースのルール。ヨットレースでは、他にもハンディキャップ規則や安全規則など、さまざまなルールが適用される。RRSはレース艇同士が行き合った場合の航法をはじめ、用語の定義、レース開催方法、得点方式、抗議の手順など基本的なルールが定められている。オリンピックを基準に4年ごとに改定される。レースを志すなら手に入れよう。日本セーリング連盟(JSAF)で日本語版を販売している。

アイエムエス　IMS
Intrenational Measurement System。その内容は、ハンディキャップの計測、船の規格、レース結果の修正方法の3つに分かれている。近似のORCクラブや、まったく別の規格でIRCという制度もあり、さらには独自のものもあり、ヨットレース用のハンディキャップシステムは非常に複雑。対して、ワンデザインクラスは各クラス協会が、それぞれのルールを決めてヨットの規格を一定に保っている。

アイサフ　ISAF
国際セーリング連盟(International Sailing Federation)。ヨットレースの開催とルール管理に携わる。日本には日本セーリング連盟(JSAF)、米国はUS-Sailing、ニュージーランドはヨッティングニュージーランドなど、各国にセーリング競技のナショナルオーソリティーがある。ISAFはその統括団体。

アイポイント　I Point
この場合のIは、セール展開時の基準となるIJPE各値のうちのIを指す(23ページ参照)。ヘッドステイの付け根部分の便利な通称がないため、Iの上端をIポイントと呼んでいる。数字の1にも見えるので、本編中では誤解を招いたかもしれない。1(ワン)ポイントといえば、リーフポイントの1番目。対してこちらはアルファベットのIだ。

アップウオッシュ　Up Wash
一般的には航空用語に分類され、これまでヨット解説書にはあまり出てこなかった。詳しくは本編57ページを参照されたい。この現象が、後述のインストルメンツ(航海計器)を調整する時に問題になる。科学的にセールトリムを考える場合に重要な要素となるので頭に入れておこう。

イーズ　Ease
シートを緩める動作。ゆったりとした、ゆるい……のイーズだ。外国人セーラーと一緒に乗る機会が多くなった1980年代から急速に普及した言葉。今ではヨット用語としてほとんど日本語になりつつあるので覚えておきたい。対して、引き込むのはトリム(Trim)。トリムの方は、引いたり出したりして調節すること全体も指すが、たとえば、スピントリマーが「トリム！」と叫べば、スピンシートを引き込むためにウインチを回せという意味になる。大きくスピンが潰れて、慌てて引き込みたい時は「ビッグトリム！」と叫ぶ。

イグジット　Exit
ヨットでイグジットといえばマスト上部のハリヤード出口のこと。なかなか目が行き届かないが、チェックを怠らないようにしよう。特にワイヤーのハリヤードの場合、シーブ(Sheave、滑車)にガタがあるとその隙間にハリヤードが落ち込み、上がりも下がりもしなくなる。強風時にこうなると、泣けてくる。

インストルメンツ　Instrument
航海計器。特に最近の電子機器を総じてインストルメンツと呼んでいる。ヨットレースでは風向・風速計とボートスピード、そしてコンパスを組み合わせた計器が威力を発揮する。これらのデータから真風位を計算し、それをグラフ表示させることで、風の振れる傾向を読み解き戦略的にレースを展開できる。本編で紹介したようにターゲット・ボートスピードを用いて走りを追求するには、真風速とボートスピードのデータが必要になる。ただし、正しい真風速、あるいは真風位を計算させるには、それぞれの入力デバイス(風向・風速計、スピードメーター)の精度が重要になる。

ウェザーヘルム　Weather Helm
風上に切り上がろうとする船の性質。一般的なセーリングボートは、若干のウェザーヘルムが出るように設計されている。風が強くなってオーバーヒールするようになると、ウェザーヘルムも強くなる。メインセールの風を逃がして調節しよう。⟵→リーヘルム

オーバーラップ　Overlap
重なること。船と船が重なった状態にあるときは「オーバーラップする」といい、ヘッドセールがメインセールに重なるくらい大きいものは「オーバーラップジブ」という。重なりのないジブを「ノン・オーバーラップジブ」という。

オープンヨットレース　Open Yacht Race
ヨットレースにもいろいろある。各地のチャンピオンを集めて行われる選手権、クラブの仲間内で行うクラブレース、そして誰でも参加できるレースをオープンレースという。クラブレースといっても、会員のみならず誰でも参加できるものが多いので、ここでいうオープンレースはもっと広域的で参加艇数が多く、スポンサーがついていたり、賞品も豪華だったり……というようなイメージだ。誰でも楽しめるように、コースも簡単な「行って来い」（リーチングで行って折り返し、リーチングで帰ってくるようなコース）が多い。

ガース　Girth
周囲の寸法。日本語にするのが難しいが、女性のバストサイズのように左右の胸の上端を繋いで最短距離を測る場合もあれば、谷間の部分にもメジャーを沿わせて測るケースもあり、あまり正確な定義はできない。本書に出てくるガースはセールの横幅。セールの場合は布が弧を描いているので、ガースは簡単に言えばセールクロスの長さ。展開中のセールの前縁から後縁を結んだ最短距離がコードになる。ドラフトが変わればコードは変わるが、ガースは変わらない。

ガスケット　Gasket
短いひものたぐいを総じてこう呼んでいる。本来はブームなどにセールを束ねて縛るための細索。巻き付ける（Gather）から来ているらしい。スカートで布を束ねて皺を寄せるギャザーだ。日本ではセールタイと呼ぶことが多い。セールを結ぶ（Tier）からセールタイ。ちなみに防水目的などに用いられるパッキンもガスケットなので混同しないように。

ガスト　Gust
突風。風の強い部分。ブロー。日本ではパフと呼ぶことが多いが、英語圏のセーラーはガストと呼ぶことが多い。筆者は、ニュージーランド人に「パフじゃねーよ、ガストだよ」と言われたことがある。アメリカ人にはシュート（Shoot）と呼ぶ人もいる。とにかく何でもいいから、チームの中でなんと呼ぶか統一しておきたい。

かみしも　上下
海事用語で右はスターボード、左はポート。本書を読むような読者なら、これくらいはご存知だと思う。しかし実際は、右左よりも風向に対して風上か風下かが重要になる。デッキの上でもキャビンの中でも、ポート／スターボより、風上／風下で区別することが多い。「ポートのロッカー」を「上側のロッカー」と言ってしまったりする。これは、上段のロッカーではなく、風上舷にあるロッカーのこと。舵を切る時も、「スターボに舵を切る」とは言わず、「上る（のぼる）」か「落とす（おとす）」だ。もちろん風上に向かって舵を切れば上る、逆は落とすになる。英語で言うと、上るはラフ、あるいはヘッドアップ、バウアップ。単にアップ、あるいはポイントアップ、セールアップという人もいる。タッキング時に風位に立てていくようなのをスクイーズ。よってタッキングの動作は、スクイーズ～タッキング～バウダウン、となる。落とす方は、ベア、バウダウン。つまりジャイビングは、バウダウン～ジャイビングだ。

がむて　ガムテ
ガムテープの略。茶色い布製の荷造りテープのことだが、アメリカのガムテープは銀色をしていてダクトテープ（Duct Tape）という。日本の物より強力で弾力もあるので、我が国でもレースボートにはよく使われる。より強力な銀色のダクトテープは「ギンテ」と呼ぶこともある。品揃えの多い船具屋で売っている。対して、ビニールテープはビニテ。英語だとPlastic Tapeという。3M製のビニテは紫外線にも強く、ネバネバが残りにくいのでお試しを。

ガンネル　Gunwale
船体の上の縁。上といってもどのあたりからが上なのか、帆船と違ってヨットはツルンとしているので良く分からない。日本語にすれば舷か。デッキ端と接している部分＝レール（Rail）もほぼ同じ部分を指す。レールに座るといえば、ヒールを潰すためにこの部分に座るという意味。ジブシートリーダーのトラックもレールと言えばレールだが、この上に座るという意味ではないのでご注意を。

キール　Keel
竜骨。本来は船底を前から後ろまで通して配置された部材で、ちょうど船の背骨のような存在である。しかし、今のFRP製ヨットではこうした部材はない。そこで、だいたい船底中央部をキールと呼んでいるが、船底後半はフラットだったりするので、これでもちょっと困る。代わりに、バラストを兼ねた翼型のフィンキールがぶら下がっているので、これを主にキールと呼ぶようになっている。バラストキールを備えたヨットを特にキールボートと呼んで、センターボーダーと区別している。

キャットリグ　Cat Rig
1枚帆のリグ。本編でも解説したように、同じセールエリアならば、1枚より2枚のセールを展開した方が、より効率よく前進力を生み出すことができる。1枚帆であるのは経済性もさることながら、1人で操作しやすいから。ということで、キャットリグは1人乗りの小型艇に多い。ホビーキャットという双胴艇がるが、あのキャットはCatamaran（双胴艇）のキャットだ。

グラインダー　Grinder
本来は研磨機のことだが、それをウインチに見立てて、ウインチを回すポジションをグラインダーと呼んでいる。辞書で調べたらグラインダーは俗語で「ストリッパー」という意味もあるようで、「ポジションは？」「グラインダーです」とは答えにくいのであろうか。日本ではクランカーという場合もある。ウインチハンドルがクランク状になっていてこれを回すからだ。

グラディエント　Gradient
直訳すると「勾配」「傾斜度」。ここでは、風速と、それにともなって見かけの風向が高度によって変化していく過程の勾配を指している。「今日はグラディエントが大きい」といえば、海面付近よりもマストヘッドの風速がより高めであるということ。ツイスト量を多めにとらなければならない。59ページ参照。ヨット用語とはいいがたいが、最近はたまに使われる。

クルーザー／レーサー　Cruiser/Racer
クルージング（巡航）を目的に造られた船をクルーザー、あるいはクルージングボートという。クルーザーは、安全に航海し、ゆとりをもって船内生活ができるように設計建造されている反面、レースで他艇と競うことは考慮されていない。対して、たまにはレースにも出られるように考慮されているヨットをクルーザー／レーサーという。さらには、レースの方が主体でたまにクルージングもするかも……というのがレーサー／クルーザー。レースしか頭にないのがレーサー。その上、金に糸目をつけないレーサーをグランプリレーサーという。どれもヨットには違いない。ちなみにレーサーというとそれに乗っている人間も含まれるが、クルーザーは船そのものを指す。乗っている人はクルージングセーラー。一般的にはクルーザーというと大型のモーターボートをイメージする人が多いのかもしれないが、ヨット乗りはこれ

実践ヨット用語集

をモータークルーザーという。モーターセーラーというと、ヨットとモータークルーザーの中間のような艇種になる。ああ、複雑である。

グルーブ　Groove
マストのグルーブといえば、メインセールのボルトロープを通す溝。一方、グルーブが広い、狭い、といえば、クローズホールドでのヘルムの許容範囲（56ページ）。こちらには適当な日本語はない。強いて言えば、ヨットが海面上の溝に沿って進んでいると考えて、その溝が狭いか広いかという感じか。いや、ここで言うグルーブはもっと雰囲気のある言葉のような気がする。ジャズでノリのいい演奏を「グルーブ感がある」といったりするが、そんな感じ。英語辞書によれば『楽しいこと［経験］、すてきな［いかす］もの』という意味もあるようだ。クローズホールドで「ノってる」感じ、分かります？　イカした走りができている状態。うん、そんな感じ。

クレーン　Crane
本来は鶴の意味。クレーン車のクレーンだ。ヨットの世界では、マストトップの後ろに出っ張っている部分を指す。クレーンの後端にバックステイが付き、メインセールのリーチと干渉しにくくしている。クレーンの上には、風見であるとかアンテナであるとか、風向・風速計のセンサーであるとか、いろんな物が付く。ちなみに風向・風速計のセンサーはアップウオッシュ（57ページ参照）の影響を避けるためセールからなるべく離して取り付けたい。そのための支柱がワンド（Wand）。こちらは魔法使いの杖の意。

クロス　Cloth
布。セールクロスといえば、セールを作るための布地。最近のセールクロスは、布というよりフィルムに近い。UVクロスといえば、紫外線に強い布地。ブームカバーなどに使われる。ファーリングジェノアのリーチ部分も日に焼けないようにUVクロスが使われることもある。巻き込んだ状態でも、リーチの部分は外に出ているため、紫外線から保護する必要があるのだ。一方、ビーティングのレグのことをクロスと言うこともあるが、そちらクロスはcross。十字に交差しながら走るからか。

ゲージ　Gauge, Gage
間隔。主に他艇との間隔をゲージといい、たとえばクローズホールドでは風下艇の上り角度がよければ互いのゲージは詰まっていく。風上艇の様子はヘルムスマンとメインシートトリマーからは見にくいので、クルーはただボーっとハイクアウトしていないでライバル艇とのゲージに注目。しだいにゲージが狭まっていけば「ハイヤー」、開いていくようなら「ロワー」とコールしよう。

ゲイン　Gain
利益を得ること。レースでは他艇との位置関係においての利益をいう。「ゲインする、ゲインされた、ゲインしようぜ、ゲインしやがった」と用いる。すごいゲインは「ビッグゲイン」。「超ゲイン」とは言わない。

コードゼロ　Code Zero
ヘッドセールの種類はいろいろありすぎて命名がややこしくなってきた。ライト、ミディアム、その中間がミディアム／ライト。スピンに至っては、0.5オールパーパスだのVMGだの、ランナーあるいはリーチャー、30/20、さらには、0.75ポリだAセール……。ベテランやセールメーカーでもワケが分からなくなってきたので、単純にコード1、コード2、と符号を付けて呼ぶケースも増えてきた。ジブもスピンも一般的にこの数字が大きくなるほど強風用になる。そして、スピンとジブの中間にあたるようなセールが開発され、これがコードゼロと呼ばれるようになった。コードゼロにもさまざまなものがあるようだが、筆者がTP52クラスで使っていたコードゼロは、タックを船体の専用のアイに固定するタイプ。これは油圧で下に引き、ラフに強いテンションをかけられるようになっている。ヘッドフォイルはないが、ラフはファーリング仕様になっていて、くるくる巻き取って収納する。巻き取った大蛇のような物体をホイストするわけだ。TP52クラスでもインショアレースでは使用禁止になっているなど、ルール上許されないケースが多いのでまだまだ一般的なセールではないが、ロングのレースでは使い勝手がいいのでこれから増えていくのではなかろうか。

サーフィング　Surfing
波に乗ること。……と簡単に書いてしまったが、波に乗るという状態を科学的に説明すると結構複雑になるようだ。とりあえず、船は波に乗るとドドーっと加速する。調子が良いことを「波に乗る」というが、そんな感じ。ただし、ブローチングと紙一重である。対して、プレーニング（Planing）は水面上を滑走すること。水を押しのけて走っている状態から飛び抜けるとこうなる。大馬力のエンジンを付けたモーターボートや、軽量で艇体重量のわりに大きなセールを持つプレーニングディンギーがカッ飛んでいる状態がプレーニング。キールボートでも条件が揃うとプレーニングしていると思う。が、波を利用してサーフィングをきっかけにして一時的にプレーニングしているに過ぎないのかもしれない。いずれにせよ、かなりエキサイティングな状態ではある。

シート　Sheet
ロープの項へ。

シートバッグ　Sheet Bag
ハリヤードやコントロールロープの余っている部分を押し込んでおくバッグ。コクピット壁面やコンパニオンウェイに付いている。飲み物や日焼け止め、脱いだ帽子など、なんでもかんでも押し込める魔法の袋。

シェイプ　Shape
形、形状。セールシェイプといえばセール形状であり、本編の主題はどんな状況で、どのようなセールシェイプが適しているかということだ。

ジブファーラー　Jib Furler
ファール（furl）は巻く。ヘッドセールをヘッドステイに巻き上げるのがジブファーラー。これに用いるセールはファーリングジブ。Foulになると荒れた、暴風雨となり、Foul Gearは荒天用の衣類、つまり合羽のこと。

しままわり　島回り
決められた島を回って帰ってくるようなレースコース。A地点をスタートしてA地点でフィニッシュする。一方、A地点をスタートしてB地点でフィニッシュするようなレースは、たとえ途中で島を回るようなことがあっても、島回りとは言わない。『The Sailing Dictionary』によれば、これはパッセージレース（Passage Racing）として区別している。いずれも外洋レースだ。対して、湾内にマークを打ってそれを回るインショアレースはブイレーシング、コースレースと呼んで区別している。

シャックル　Shackle
本編中では「シャックルが付いていて……」と簡単に書いてしまったが、よく考えてみればかなり特殊な部品である。広辞苑にも載っていない。本書を読むような読者なら説明不用かと思うが、百聞は一見にしかず。ここでくどくど説明するよりも、現物をご覧になった方が早い。英和辞典で引いてみたところ、俗語でシチューやスープのことでもあるらしい。英語は奥が深い……。

じょうはんかく　上半角
ヨット用語ではなく飛行機用語で、翼の端が付け根より高くなっている上

向きの角度のこと。本編のスプレッダーの説明で不用意に使ってしまった。スプレッダーも飛行機の翼と形は似ているが、上半角がある理由はまったく異なる（28ページ参照）。飛行機の翼に上半角がある理由を例えるならば、モーターボートの船底がV字型になっているのに似ている。

ジョー　Jaw
直訳すると顎（あご）。ここでいうジョーは、スピンポール先端の金具。ワールドワイドな用語ではないと思うが、見た目が顎みたいなのでこう呼ばれることが多い。「ジョーにかます」といえば、アフターガイをここにかけること。スピンポールホイスト前には「ジョーかました?」「まだ」なんていう会話が前の方では取り交わされている。古い本ではパロットビーク（Parrot Beak）、つまりオウムのくちばしとしていることもあるかもしれないが、今ではあまり使われていない。では、正式にはなんというのかカタログで調べてみると、「Outboad End」となっていた。

ショックコード　Shock Cord
ゴムひも。日本ではゴムひもというとなんとなく押し売り、あるいはパンツのゴムひものイメージではあるが、ショックコードというとカッコイイ。実際に、表面は摩擦や紫外線にもある程度の耐性ををもたせるように伸縮性のある繊維でカバーされ、高級感もある。シート類がブラブラしないように、うまく使うと効果的。

スウェプトバック　Swapt-back
上半角に対して、後退角がスウェプトバック。後退角が付いたスプレッダーをスウェプトバックスプレッダーという。スプレッダーの後退角も、飛行機の翼に後退角があるのとは理由が異なる。スウェプトバックしていないスプレッダーがインライン（Inline＝直線に並んだ）スプレッダー。

スティッキーバック　Stickey-back
裏紙をはがして貼り付けるモノを総じてこう言うようだが、ここではセールリペアクロスのこと。ポリエステル製、ナイロン製、カラーやサイズもいろいろ。レース中に破れたセールを直すのもセールトリマーの役目である。修理用品はしっかり積み込んでおこう。

ステム　Stem
キールから続いた船首部。キール同様、本来はここに構造部材があったが、今のグラスファイバー艇では単なる合わせ目になっている。が、船体中では最も丈夫な部分となる。他艇の船腹にステムから突き刺さるようにして衝突した状態をTボーンと呼んでいるが、この場合もステム側はほとんど壊れなかったりする。ステムの上部でデッキと接する部分をステムヘッドという。このあたりにヘッドステイの下端が付くチェーンプレートがある。

ストール　Stall
失速。翼上を流れる流体が、翼表面から剥がれて渦ができてしまう状態。揚力は激減する。失速という現象を科学的に説明しようとするととんでもないことになりそうなので、詳説は専門書に譲ります。とりあえず、空気の流れは目には見えにくいので、テルテールなどを利用して失速しないように気を付けよう。

スパー　Spar
マストやブームなどの棒材全般をいう。マストメーカー＝スパーメーカー。ボートフックやデッキブラシの柄までをスパーというのか否かは不明。

スプライス　Splice
ロープとロープを繋ぐこと。結んで繋ぐのではなく、編み込んで繋ぐ。したがって結び目がなく、繋ぎ目がスムースである。ロープエンドに輪を造り、そこにシャックルを繋ぐこともあれば、必要外の部分の外皮を取り除き芯の中に入れ込んでしまうような処理もスプライスだ。あるいは、メインシートなど、エンドレスにスプライスすることもある。いずれも、繊維同士の摩擦を利用している。テンションがかかればかかるほど摩擦が大きくなって抜けないようになる。

スロット　Slot
隙間、溝、細い窪みのことだが、ここではジブのリーチとメインセールの間の隙間を指す。ここに風が流れることによって2枚帆の効果が倍増する。どのように倍増するかは57ページを参照。スロットルと表現している人もいるが、スロットル（Throttle）は燃料の絞り弁だ。自動車のアクセルと同じものではあるが、スロットルは燃料を絞って出力を調整するイメージで、アクセルは加速させるイメージ。船ではアクセルよりもスロットルという方が多い。流れる風を絞るというイメージからすると、スロットをスロットルとしてもいいような気もする。

セーリングコンピューター　Sailing Computer
インストルメンツの一つ。狭義には、見かけの風向、見かけの風速、ボートスピード、コンパスの値から、真風向、真風速、真風位を求めるコンピューター。その他すべてのデータと共にログとして蓄えたり、グラフ化して表示したり、まあヤヤコシイことをしてくれる機械のことである。あるいは、船位を求めるGPSにも航法計算機能が付いていて、これもセーリングコンピューターと呼んでもいいだろう。逆にラップトップのコンピューターで天気図を取っているようなクルージング派もいる。これだってセーリングコンピューターだ。

セール　Sail
本書の主人公であるヨットの帆。ヨット用語は日本語も少なくはなく、日本語を使った方が通っぽく聞こえる場合もある。アップウインドは「ノボリ」ということが多いように。しかし、セールを帆と称する人はまずいない。なかなかいい言葉だとは思うのだが、最近のハイテク素材を使ったセールは帆のイメージからは遠いからか。発音的にはセイルと仮名をあてた方が近いと思うが、舵誌ではセールと表記することに決まっている。しかし、Mainsailはメーンセールではなく、メインセールと書くことになっている。何故なのかは理解に苦しむ。ちなみにメインセールは、「メンスル」、「メン」と略すことも多い。セールを入れるバックはセールバッグだが、同時にセールクロスで造ったバックをセールバッグと言うこともあり、ややこしい。

センターボード　Center Boad
横流れを防ぐために船底に設けた翼。その重要性は6ページを参照されたい。センターにあるとは限らないのでダガーボードというものもある。総じて小型艇に付き、揚降可能になっている。外洋艇はこの翼部分にバラストも兼ねているのでバラストキール、フィンキールと呼ぶ。希には、バラストは船底部に固め、揚降可能なセンターボードを備えた外洋艇もある。重いバラストキールごと揚降する強者もある。いずれも、追っ手ではフィンキールは必要なく、また浅い湾内に錨泊する時にも吃水は浅い方が良いという理由から揚降可能になっている。

ターンバックル　Turnbuckle
ワイヤーの張り具合を調節するための部品。いろいろな種類があるが、基本的にはネジの出し入れで長さそのものを変える。クルージング艇ではあまりいじることはないかもしれないが、レース艇、特にランナーのない中間リグ艇ではマストのチューニングがボートスピードの要である。しょっちゅう操作することになる。そこで、回しやすく、ロックもしやすいように工夫されていたりする。

実践ヨット用語集

タックホーン　Tack-Horn
ヘッドセールのタックを取り付けるために、ステムヘッド部に付いている部品。本来は角のような形をしていてそこにタックを引っ掛けるようなものが多かったのでこう呼ばれるが、今はたんなる輪で、ここにセール側に付いているシャックルを留める。

ターミナル　Terminal
ここでいうターミナルは、ワイヤーの両端にある接続部品を指す。単に穴の空いたアイターミナル、溝に相手方を挟むようにしてピンで留めるフォーク、マストに開けた穴に差し込んでひねって留めるTボールターミナルなど、さまざまな形がある。ターミナルの中にワイヤーを差し込んでターミナルごとかしめて溶着している。これをスウェージング(Swaging)という。こんなもので抜けないのかなぁといつも思うが、スッポ抜けたのは見たことがない。ターミナルはトグル(Toggle)やタング(Tang)を介してクレビスピン(Clevice Pin)を差し込んで留める。クレビスピンが抜け落ちないように、コッターピン(Cotter Pin)やコッターリングで留める。……と文章で書くと何がなんだか分からなくなるので、ぜひ船具屋さんで実物を見ていただきたい。

チェーンプレート　Chain Plate
各ステイの船体側取り付け部。頑丈なステンレス製のプレートが船体にガッチリとビス止めされている。最新のレーシングボートでは、船体ごと積層され、盛り上がっているだけというものもあり、こういう場合はプレートはない。が、それでもチェーンプレートである。

ディスマスト　Dismast
マストが折れること。マストが死ぬからデスマスト(Death-Mast)かと思っていたが、そうではない。Dis(失う)-Mastです。クルージングボートではよっぽどのこと(波に巻かれて完全に1回転してしまうとか、ものすごくマストの手入れが悪いとか)がない限りディスマストには至らないが、ランナー付きのレースボートではランナーの操作を間違えると簡単に折れる。一昔前は、大きなレースになるとたいてい誰かがマストを折っていたが、最近はルールが変わってリグ自体が頑丈になってきたせいか、レース中にマストが折れるというトラブルはあまりなくなった。マストが折れると、怪我人が出ることもある。本編をよく読んで、マストの取り扱いには注意しよう。

ディップ　Dip
ちょっと下げるような動作。ポテトチップに付けるソースもディップ。チップスで掬うようにしてソースを付けるから。海軍では表敬のために旗を下げてすぐ上げる場合に使うらしい。ヨットでディップといえば、僅かにバウダウンし、行き合う相手艇を避けるような場合に使う。相手がスターボードタックなので、ディップして後ろを通るか、いやいやかなり大きくディップしなくてはならないのでその前にタッキングするか……という感じ。本編ではディップポール・ジャイビングの項でこの単語が出てきた。これは、スピンポールエンドはマストに付けたまま、先端部を降ろして(ディップして)ヘッドステイを交わしジャイビングする方法。

テークル　Tackle
テコや滑車を利用した増力作用をパーチェス(Purchase)という。滑車を使った増力装置がテークルだ。ラグビーのタックルと同じスペルだが、海事用語ではテークルになる。理科の時間に習ったとおり、動滑車の数が増えると増力作用も倍増する。「パーチェスを増やす」というと、動滑車の数を増やすこと。

テーピング　Taping
テープを巻き付けるのがテーピング。スポーツ選手は怪我防止に体中テーピングしてるが、ヨットでは船の方にテーピングする。主に尖った部分でセールや手を傷つけないようにという意味合いなので、過度のテーピングは意味なしと心得よう。

テンション　Tension
ワイヤーやセールクロスにおける張り具合、張りの強度。ブラブラ、ユルユル、ビンビン、パンパンなどと言葉で表現するといい加減になるので、テンションゲージで測って正確な値を伝達したいものである。テンションゲージばかりではなく、緩み具合を定置点からどれだけ離れているかという数字で表すこともできる。セールトリムやチューニングには再現性が必要なので、数字にして残しておきたい。

とうえいめんせき　投影面積
物体を平面状に投影したときの面積。ヨットがヒールすれば、セール全体の投影面積は減る。おまけにキールやラダーの投影面積も減る。すると、それぞれの揚力も減る。パワーもなくなるし、リーウェイも増える。良いことなしだ。そこでヒールを起こす。逆に、ある程度ヒールさせて接水面積を減らすことができる。接水面積とは、船体が水に触れている部分の面積だ。濡れ面積ともいうこれは少ない方が抵抗が減るので、特に軽風下ではわざとヒールさせたりする。いずれにせよ、どちらも限度問題である。

ドラフト　Draft
これもいろんな意味のある言葉だ。プロ野球のドラフト制度もこれ。ドラフトビールもこれ。設計図もドラフト。海事用語では吃水をドラフトという。本編ではセールの深さを指し、セールトリムの大きな要素である。何度も出てくるので意味をしっかり理解して欲しい。それにしても、ドラフト制度との繋がりはいったい何なのであろうか。

トリマー　Trimmer
セールトリムをする人がセールトリマー。ジブならジブトリマー、スピンはスピントリマー。レース中、オーナーがハッピーでいられるようにオーナーの相手をする役をご機嫌トリマーという。一般社会で「職業はトリマー」というと犬猫の理容師を指すようであるから注意しよう。

トリムタブ　Trim Tab
第1章を読んでいただければ、いかにキールやラダーから生じる揚力が重要であるかが分かると思う。そのキールから、さらに揚力を得ようとキール後端に付けられるのが、トリムタブだ。通常、キールからはそのリーウェイによって揚力が得られるわけだが、これに角度を付けてさらに揚力を得ようというわけだ。確かに良いアイデアではあるが、普通のレーシングヨットではルールで禁止されているのでトリムタブはついていない。その上、ラダーと違ってタブの調節には手応えがないので、どの程度の艇速の時に何度切ればいいのか、操作が難しいらしい。らしい……というのは、筆者はトリムタブが付いているヨットには乗ったことがないから分からないのだ。最近はカンティングキールといって、砲弾型のバラストが付いたキール部を左右に振ることができるヨットが出てきている。風上側に振ることで、バラストの効果は絶大になる。逆にいえばそれだけ軽いバラストで済む。ところが、キールには揚力を得るという役目もある。横に大きく振ってしまうと、翼としての効果が激減してしまう。投影面積が減ってしまうからだ。それを補うために船体前方にもカナードと呼ばれる第2の舵を付ける。

バイザリー　By the Lee
多くのヨットでは、メインセールのブームは90度までは開かない。サイドステイが邪魔するからだ。その状態で、真後ろから風を受けたらどうなるか。

風はリーチからラフに向かって流れているはずである。これがバイザリーの状態。ここから予期せぬジャイビング（ワイルドジャイブ）を起こすのを恐れる人が多いが、強風下にはなかなかメインセールは返らないものである。かえって軽風下に波で揺られてブームが返ることの方が多い。もっとも、強風下でワイルドジャイブするとダメージは相当大きい。

バウスプリット　　Bowsprit
船首部に突き出た頑丈なスパー。ここからステイを取れば、より大きなセールが展開できる。ルールの制限があるので、一般的なレース艇ではあまり装備していない。クルージング艇の場合は、この部分にアンカーをセットしておけば、抜錨時に船体とアンカーが当たらないので便利だ。最近のスポーティーなレース艇では、伸縮可能なポールをステムヘッドから突き出す方式の、いわゆるガンポールをよく見るようになった。ここにジェネカーのタックを取る。ポールセットやジャイビングが楽なのでバウマン不足に悩んでいるチームにはいいかも。

パッドアイ　　Pad Eye
金属製のリング状金物がアイ。ここにシャックルなどを取り付ける。穴の開いたものはたいていアイと呼ぶ。アイプレートだとか、ターミナルならアイターミナル。その中でも、取り付け部がパッド型になった頑丈なものがパッドアイ。ボルトナットでガッチリと固定される。

ハルスピード　　Hull Speed
水を押しのけて走る船は、その水線長によって最大スピードが決まってくる。これを超えると急激に造波抵抗が増える。ハルスピードは、$1.34 \times \sqrt{水線長（フィート）}$となる。これを超えるだけのパワーがあればプレーニングに入る。

ハンク(ス)　　Hank(s)
ヘッドセールのラフをヘッドステイに止めるためのスナップ。ヘッドフォイルを持たない艇はこれを使う。ハンク(ス)はセール側に付いているので、ハンク仕様のヘッドセールはヘッドフォイルには展開できないし、フォイル仕様のセールはヘッドフォイルが付いていないと展開できない。ちなみに本書執筆にあたりハンクスと書いたら「ハンクスは複数形で、一つならハンクである」と修正された。もっともな意見ではあるが、あれを「ハンク」と言っている日本人は今まで見たことがない。船具屋で一つ買う時でも「ハンク一つください」ではなく、「ハンクス1個ください」である。もちろん日本語には複数形というのはないので、100個でもシャックルスではなくシャックルなわけで、ハンクはいくつあってもハンクなんだろうが、日本語の中で出てくる分には"ハンクス"でいいのではなかろうか……と思う。

パンピング　　Pumping
セールを急激に引き込むことによって加速させる動作。ウチワで仰ぐ要領だ。微風時にパンピングを繰り返せば船は結構進む。が、これはルールで規制しないと、いったい何の競技だか分からなくなってしまう。今のルールでは波に乗せる（サーフィングさせる）目的で、一波一回までのパンピングが許されている。審判はキッチリ見ているので、ズルしないように。メインセールのみならず、強風下ではスピンもパンピングして波に乗せる。乗り手側からすれば非常に疲れるので、ぜひ禁止してもらいたい。

ヒール　　Heel
ヨットが傾くこと。通常、ヨットはヒールしながら進んでいく。度が過ぎた場合はオーバーヒールとなる。逆に、微風で風の力だけでは適度なヒールを得られない時は、クルーの体重でヒールさせる。これを強制ヒールと呼んでいる。綴りはハイヒールのヒールと一緒で踵（かかと）のこと。そこから、マストヒールといえば、マストの最下部のこと。

ふういきれんじ　　風域レンジ
あえて本書でこう書いているが、レンジ（Range）は領域のことなので、日本語としては風速レンジとする方が正しい。いずれも、無段階に変化する風速を、ある程度領域に分けて区別し分かりやすくしている。
無風：まったく風がない状態。
微風：少しでも風があれば微風。まだヨットを走らせるにはイライラする。
軽風：ストレスなく船が走る。ただしクルーは風上に行ったり風下に行ったり、体重移動で忙しい。
中風：クルー全員が風上のレールに座ってヒールを起こし、ほんのたまに飛沫がかかるくらいの風。ちなみに「順風満帆」の順風という言葉は、風の強弱ではなく、一般的に追い風の状態（ヨット用語では「フリー」の状態）を指す。
強風：波がザブザブかかる状態。コンパニオンウェイのスライドハッチは閉める。ダウンウインドはかなり楽しい。
ド強風：波をかぶるかどうかなんてどうでもよくなる状況。ダウンウインドでも顔が引きつる。コンパニオンウェイは差し板も閉める。船が壊れないようにと常に頭を働かせている状態。

フラップ　　Flap
フラップは航空用語である。ヨットにフラップはないが、本書では例として登場している（4ページ）。飛行機のフラップは離着陸の時に揚力を増大させるためについている。ジャンボジェットなど、窓から翼を見ていると、離着陸の時はドヒャーと驚くほど後から前からフラップとおぼしき部分が張り出してきて驚かされる。ヨットのセールも微風時にはあれくらい気合いをいれてセールシェイプを変えなくてはいけないのだなぁと思い知らされる。

ブライドル　　Bridle
逆Y字型にワイヤー、あるいはロープを取り、2点間の加重を中央で持たせる装置。スピンポールのブライドルといえば、両端の加重を中央で持たせるもの。メインシートのブライドルといえば、ブライドル部の長さを調節してトラベラーの役目をするもの。小型艇でしか使わないが。

フリー　　Free
ヨットでは、自由に進行方向を取れるという意味で、クローズホールド以外の走りをいう。実際、レース的な走りでは、ダウンウインドでもVMGを追求するのであまり自由ではない。そんなわけで、最近はあまり使わなくなってきた。本書でも、フリーをダウンウインドとリーチングに分けて説明している。

フレーク　　Flake
1：ロープ類（とりわけハリヤード）がからまないように、エンドから8の字状にさばくこと。
2：セールをフットから交互に畳むこと。ブームから外したメインセールは、折り目が付かないようにフレークせずにロールしておくことも多い。

プレッシャー　　Pressure
ヨット用語ではないが、本書ではセールに風を受けている圧力を指している。特に微風時のスピネーカーランでは、スピンシートに伝わる圧力がトリムとヘルムの目安になる。スピントリマーは、そのプレッシャーを常にヘルムスマンにコールしよう。

ブローチ　　Broach
波に突っ込んで船が切り上がり、横倒しになる状態。波がなくても、スピネーカーでのリーチングでは風圧でウェザーヘルムが増し、切り上がって横倒しになってしまうこともある。あるいはセールのないモーターボー

実践ヨット用語集

トでも、波の斜面を高速で下る時に舵が利かなくなり切り上がって横倒しになることがある。ブローチングともいう。ブローチングを経験したセーラーは、それを話す時になんだか嬉々としていることが多い。

ブロック　Block
滑車の総称だが、日本語で滑車というと円盤状の回転体そのものを指す。ヨット上では回転体はシーブ（Sheave）、シーブが収まったもの全体をブロックと呼んでいる。スイブルブロックといえば、ブロック全体が首振りになっているもの。ダブルブロックといえばシーブが2つ付いているもの。ラチェットブロックといえばシーブが片方向にしか回らないようになっているもの。使う場所によっても呼び方が変わる。メインシートに使われるものはメインシートブロック。ターニングブロックといえば、ロープの取り回しを変化させるためのもの。

フォイル　Foil
フォイルは、日本語にするのが難しい。ヘッドフォイルといえば、ヘッドステイに付けるチューブで、2本あるグルーブのどちらかにヘッドセールのラフをセットする。タフラフという商品が主流だ。ジブファーラーにもヘッドフォイルがついていて、フォイルごとセールを巻き取る。また、翼型のものは総じてフォイルと呼ばれ、バラストキールやラダーもフォイルである。「フォイルチェック」といえば、キールやラダーに海草やゴミがへばりついていないかチェックすること。船底部に窓がついていて、キャビンの中から見えるようになっている船もある。

ポール　Pole
ヨットの上でポールといったら、スピンポールのこと。いちいち「スピンポール」とは言わない。単に「ポールセット」、「ポールバック」だ。ただし大型艇になると、アフターガイに角度を付けるため、横方向に押し出すジョッキーポール（Jockey Pole）を使うこともある。また、小型の艇でマストを立てる時に使う短い支持檣をジンポール（Gin Pole）という。

マストジャッキ　Mast Jack
大型艇になると、各ステイにかかるテンションは相当のものになる。ターンバックルで締め込むのはやっかいだし、焼き付きなどのトラブルの元でもある。そこで、マストステップの部分に油圧ジャッキを設け、1インチほどのスペーサーを入れたり抜いたりする。スペーサーを抜くことによりリグ全体のテンションを下げ、その上でターンバックルでリグの調整をし、再びジャッキアップしてスペーサーを入れてリグにテンションをかける。もちろん普段はジャッキは外してスペーサーだけを入れておくから安全……というシステム。

マニューバー　Maneuver
英和辞典によれば、「軍隊、艦隊などの機動作戦、作戦行動」あるいは「巧妙な手段、術策、策略」などとなっている。日本語にするのが難しいが「スタート前のマニューバー」といえば、その船の動き（航跡）をいい、これには他艇との駆け引き（術策、策略）が含まれている。

ランニングリギン　Running Rigging
動索。スタンディングリギン（静索）に対して、ハリヤード類をこう呼ぶ。単にリギンといえば、スタンディングリギンを指すことが多い。

リリース　Release
留めてあるロープ類を解き放つこと。イーズが緩めるという意味であるのに対し、こちらは一気に出す感じだ。キャストオフ、ダンプとも言う。ダンプカーのダンプだ。

リーウェイ　Leeway
リーは風下の意。リーサイドといえば、風下側。風上はウェザーあるいはウインドワード（Windward）。ウインドワードに対してリーワード（Leeward）という言葉もあり、風上・風下にマークを打ったコースをWindward-Leeward Courseという。これはソーセージコースともいう。リーが付く言葉はこの他にも多い。リーショア（Lee Shore）といえば風下側にある陸地を指す。強風時は何かトラブルがあると避けきれなくなる危険な地帯。リーウェイはヨットが横方向（風下側）に次第に流れていってしまうこと。真っ直ぐ走っているように見えて、実はじょじょに風下に流れている。潮によって流されているのとはまた別で、あくまでもセールが受けるサイドフォースで流されている状態。これを打ち消すためにフィンキールやセンターボードがある。リーウェイの大小はヘディングを見ていても分からない。クローズホールドで走り比べている2艇間のゲージが開いていくのは、ヘディングの差ばかりではなくリーウェイの大小も関係してくる。このあたりの微妙な差を感じるのが、セールトリムの第一歩として重要だ。

れーてぃんぐしょうしょ　レーティング証書
ハンディキャップを証明するのがレーティング証書。当然ながらハンディキャップシステムごとに異なった書式になっており、それぞれの協会や連盟から発行される。ワンデザインクラスでは、そのクラスの規定にあっていることを証明する計測証明書がこれにあたる。いずれも有効期限があり、また取得にあたって細かな計測を要するものや、おおざっぱな申告制などいろいろある。公平なレースをするためには欠かせない。

ロープ　Rope
ロープ、シート（Sheet）、ライン（Line）、コード（Cord）と、ひもの類はさまざまに呼び分けられている。しばし混同されている部分があるので整理してみた。「THE SAILING DICTIONARY」によれば、英国では綱や縄（Cordage）のうち、太いものをロープ、細いものをラインと呼び分けており、米国では太さに関係なく、ロープがなんらかの用途に用いられた瞬間にそれはラインになる。つまり、ロープをアンカーに使えばアンカーライン、係留用につかえばドックラインとなる。日本ではアンカーロープとも言うが、これは英国流なのだろう。セールトリムに使うのがコントロールラインで、シートはその中でも特定の部分に用いる（メインシート、ジブシート、スピンシート）。フォアガイ、アフターガイはガイであってアフターガイシートとは呼ばない。このあたりが難しい。また、特に細いものがコードとなるようで、リーチコードなどがそれ。

ロープクラッチ　Rope Clutch
ハリヤードなどに用いられるストッパー。ジャマー、カム、あるいはメーカー名からスピンロックと呼ぶこともある。最も呼び方が統一されない艤装品の1つ。

ワイヤー　Wire
ステンレスの細線を撚ったものがワイヤー。高強度のロープが出てくるまでは、ハリヤードに鉄のワイヤーも使われていたが、当然ながら錆が出る。ワイヤーより軽くて強いケブラーやスペクトラといったロープ類に取って代わられている。主に耐久性が必要なスタンディングリギンやライフラインには今でもステンレスワイヤーが使われる。紫外線にはやはりワイヤーが強い。しかし、細線を撚ってあるわけだから、当然伸びる。そこでレース艇のスタンディングリギンは単線のロッドが用いられる。針金をうんと太くしたようなものだ。伸びは少ないが、切れる時は一気に切れる。対してワイヤーは撚った細線の1本が切れたところで交換すれば大事にいたらない。

ヨットレーシングの世界では、セールの開発は日進月歩です。こうしている今でも、世界中のトップセーラーたちによって斬新なアイデアや新しいメソッドが開発され、試され、実用化されているのです。そんな終わりのない試行錯誤が続くセールのトリムには「答え」はないのかもしれません。

　自分で工夫し、一歩一歩答えに近づいていくという過程の中に、面白みや楽しみがあるのかもしれません。

　とにかくセールトリムとボートスピードに興味を持ち、一つ一つ理解していけば、きっとヨットに乗ることが、そしてレースに出ることが楽しくなると思います。

高槻和宏
1955年、東京生まれ。大学時代からヨットに乗り始め、卒業後も続けてヨット業界入りする。修理屋、セールメーカー、回航屋、レース運営、新艇カタログ撮影……と、ヨットに関するあらゆる業種を転々とし、現在はKAZI誌などで執筆活動中。レーシングヨットでは〈エスメラルダ〉チームに所属、ジャパンカップ、鳥羽パールレース、ケンウッドカップ、キーウエスト・レースウイーク、サンフランシスコビッグボートシリーズなど国内外のレースで多くのタイトルを獲得している。高木 裕との共著に「図解ヨットレーシング」、「クルーワーク虎の巻」、自著「GPSナビゲーション」（いずれも舵社）がある。

クラブレーサーのための
セールトリム虎の巻

解説	高槻和宏
監修	高木 裕
	本田敏郎
写真	矢部洋一
イラスト	高槻和宏
協力	〈アドニス〉(葉山マリーナヨットクラブ)
	葉山マリーナ
発行者	大田川茂樹
発行所	株式会社 舵社
	〒105-0013　東京都港区浜松町1-2-17
	ストークベル浜松町 3F
	TEL: 03-3434-5181
	FAX: 03-3434-5184
編集	森下嘉樹
装丁	鈴木洋亮
印刷	株式会社大丸グラフィックス

2005年2月15日　第1版第1刷発行
2009年6月25日　第2版第1刷発行

定価はカバーに表示してあります。
不許可無断複写複製
ISBN978-4-8072-1035-0